U0095920

总主编◎楼宇烈

羊皮卷珍藏版

中华优秀传统文化经典丛书

尚书

钱宗武 译注

【上】

华龄出版社
HUALING PRESS

图书在版编目（CIP）数据

尚书 / 钱宗武译注. -- 北京 : 华龄出版社，2022.9

（中华优秀传统文化经典丛书 / 楼宇烈主编）

ISBN 978-7-5169-2309-2

Ⅰ. ①尚… Ⅱ. ①钱… Ⅲ. ①中国历史一商周时代②《尚书》一注释③《尚书》一译文 Ⅳ. ①K221.04

中国版本图书馆CIP数据核字(2022)第122020号

策　　划 善品堂®藏書　　责任印制 李未圻

责任编辑 李　健　　装帧设计 王德华

书　　名 尚　书　　译　注 钱宗武

出　　版
发　　行 华龄出版社 HUALING PRESS

地　　址 北京市东城区安定门外大街甲57号　　邮　编 100011

发　　行（010）58122255　　传　真（010）84049572

承　　印 天津冠豪恒胜业印刷有限公司

版　　次 2022年9月第1版　　印　次 2022年9月第1次印刷

规　　格 889mm×1194mm　　开　本 1/32

印　　张 19.75　　字　数 359千字

书　　号 ISBN 978-7-5169-2309-2

定　　价 126.00元（全二册）

中华优秀传统文化经典丛书
编委会秘书处

出版缘起

文化是一个国家、一个民族的灵魂。泱泱华夏，五千年文明历史所孕育的中华优秀传统文化，是中华民族生生不息、发展壮大的丰厚土壤。

党的十八大以来，以习近平同志为核心的党中央高度重视中华优秀传统文化的传承与发展。2013 年 11 月 26 日，习近平总书记在山东曲阜孔府和孔子研究院考察时强调："要大力弘扬中国传统文化。"2022 年 6 月 8 日，习近平总书记在四川眉山三苏祠考察时指出："要善于从中华优秀传统文化中汲取治国理政的理念和思维。"2017 年 1 月，中共中央办公厅、国务院办公厅印发《关于实施中华优秀传统文化传承发展工程的意见》，系统部署传承发展中华优秀传统文化的战略任务，把传承中华优秀传统文化提升到新的历史高度。2022 年 4 月，中共中央办公厅、国务院办公厅印发《关于推进新时代古籍工作的意见》，明确指出，要完善古籍工作体系、提升古籍工作质量，“挖掘古籍时代价值”，“促进古籍有效利用”，“做好古籍普及传播”。

中华传统文化是中华民族的“根”与“魂”。文化兴则国家兴，文化强则民族强。没有高度的文化自信，没有文化的繁荣兴盛，就没有中华民族的伟大复兴。党的十九届六中全会强调，要“推动中华优秀传统文化创造性转化、创新性发展”。为适应全民阅读、共读经典的时代需求，我们组织出版《中华优秀传统文化经典丛书》，以展示古籍研究领域的成果，推广、普及中华优秀传统文化经典，传承、弘扬中华优秀传统文化，提振当代中国人的文化自信。

激活经典，熔古铸今。丛书精选中华优秀传统文化经典，既选取广为人知的历史沉淀下来的传世经典，也增选极具价值但多部大型丛书未曾选入的珍稀出土文献（如诸多竹简、帛书典籍），充分展示中华传统文化的历史脉络与宏富多元。丛书由众多学识渊博的专家学者担任编委，遴选各领域杰出研究者与传承人担任解读（或译注）作者，切实保证作品品质。

丛书定位为中华优秀传统文化经典普及读物，力求能让广大读者亲近经典、阅读经典，充分领略和感受中华优秀传统文化的魅力，并从中获益。为此，解读者（或译注者）以当代价值需求为切入点解读古代典籍，全方位解决古文存在的难读难解、难以亲近的问题，让中华优秀传统文化贴近现实生活，走进人们的心中，最大限度地发挥以文化人的作用。

“问渠那得清如许？为有源头活水来。”博大精深的中华文化源远流长，五千年文脉绵延不绝，中华优秀传统文化是中华儿女奋发图强、继往开来、实现民族伟大复兴的强大精神来源。“洒扫应对，莫非学问。”读者诸君若能常读经典、读好经典，真正把传统文化的精义、真髓切实融入生活和工作，那各位的知与行也一定能让生活充满希望，让工作点亮未来，让国家昌盛，让世界更美好！

丛书编委会

2022 年 6 月 9 日

前　言

《尚书》书名的意思就是“上古的书”，又称《书》或《书经》。大约先秦典籍中多称《书》，西汉始称《尚书》，宋代开始多称《书经》。

《尚书》是政书之祖、史籍之源，内容都和政史相关。我国有悠久的史官制度，《礼记·玉藻》记载古代君王“动则左史书之，言则右史书之”。史官记录君王的言行，汇编成册就是《书》，因而《尚书》的作者就是史官，是历代史官集体创作的。《尚书》在周秦就已成书。在流传过程中，后代学者曾进行过整理，断简残篇和次要篇目经过删改或者重新编纂，相传孔子整理过《尚书》。《论语·述而篇》记载孔子的教本中就有《书》。传世《尚书》的定型本或成于秦。《尚书》全书几乎皆记帝王或王室的事，唯独最后一篇《秦誓》记载异姓诸侯王秦穆公的事迹。秦穆公成就了秦国的霸业，奠定了秦国强大的基础。秦人追述祖先，使之与尧、舜、禹、文、武、周公并立，借古代圣君贤王，建立神圣的政统。

传世《尚书》共有58篇，根据时代先后依次编定，分别称为《虞书》《夏书》《商书》《周书》。《尚书》篇目名称有的取自重大历史事件，如《高宗肜日》《西伯戡黎》；有的取自人名，如《盘庚》《微子》；有的取自物名，如《金縢》《梓材》；有的取自篇目论述的中心内容，如《禹贡》《洪范》《无逸》《立政》。不少篇目名称还包括了称为典、诰、誓、命的文体类别，如《尧典》《仲虺之诰》《甘誓》《文侯之命》。《尚书》上自原始社会末期，下至封建社会初期，记录了公元前二十二世纪至前六世纪弥足珍贵而又丰富详实的政史资料。

《尚书》是中国最重要的上古经典，是德国哲学家雅斯贝尔斯《论历史的起源与目标》所谓“轴心时代”以前的原始文化形态。中华优秀传统文化的主要载体是上古经典，清代著名学者段玉裁认为“经惟《尚书》最尊”。《尚书》对于中华优秀传统文化诸元素的始创性论述最为广泛深刻，是华夏文明一些重要思想、理论、概念、观点的渊薮。比如，《尧典》首节就提出“修齐治平”的政治哲学思想，是读书人孜孜以求的人生目标。《舜典》提出中国最早的文学理论术语“诗言志”，揭示诗的本质特征，朱自清先生《诗言志辨序》认为这是中国历代诗论“开山的纲领”，对后来的文学理论具有深远的影响。《大禹谟》中“人心惟危，道心惟微，惟精惟一，允执厥中”所谓的虞廷“十六字诀”，是构建宋明理学庞大学术体系的理论基础，也是阳明心学的真正源头。历代对《尚书》一些特定篇目和类型的系统研究不仅形成了新的学术体系，如《禹贡》学、《洪范》学，还形成了一些新的文化观念和学术见解。《甘誓》中“五行”对于民族宇宙观和认识论的建构，《洪范》中“九畴”对于国家法权制度的建立，《禹贡》中行政区域界划标准的设计对中国历史地理学、自然地理学和经济地理学的影响，《吕刑》对中国法律思想的建设不可或缺，至为重要。科举时代，《尚书》作为科举考试的重要内容，在民族教育、人才选拔与社会主流意识构建等方面发挥着举足轻重的作用。

当下，随着中华传统文化的复兴，《书》学研究越来越受到重视，《尚书》的现代诠释显现出巨大的张力。在十二届全国人大一次会议闭幕会上，国家主席习近平发表讲话，引用《尚书·周官》中“功崇惟志，业广惟勤”，勉励全国人民为实现“中国梦”而努力奋斗。同日，李克强总理在中外记者见面会上的九字箴言“行大道，民为本，利天下”成为热门话题，其中“民为本”语出《尚书·五子之歌》中“民惟邦本，本固邦宁”。在举世瞩目的“习马会”上，时任台湾地区领导人马英九引用《尚书·说命》中“非知之艰，行之惟艰”，说明历史为两岸留下了错综复杂的时代课题，需要以智慧、耐心和诚意务实处理。作为经典中的经典，《尚书》总结的治政经验、历史规律和思想观念，具有时代超越性和真理延续性。

《尚书》是中华民族的历史记忆和文化基因。《尚书》学是大道之学，历代对《尚书》的语言诠释、政治诠释、历史诠释、心理诠释及由此形成的诸学理论，与当代学术体制中的政治、经济、哲学、历史、法律、天文、地理、文学、艺术等领域研究密切相关。历代对《尚书》文本连续不断的多角度诠释，既保持了《尚书》基本理念和价值观的相对稳定，又进行了适当的推陈出新。《尚书》悠久的思想智慧总是直接介入生气勃勃的时代思想建构，这些思想在今天同样可以成为民族精神的重要内核。阅读和研究《尚书》就是追本溯源，继往开来，延续传统文化的学术正脉。

《尚书》不仅是最古老的政史文献，也是流传历史最为复杂的传世典籍。《尚书》不仅有今古文之争，亦有真伪之辨；不仅有官方勒石，亦有私家传抄；不仅有多家并行之世，亦有传播中断之时，失而复得，得而复失，扑朔迷离。《尚书》历来号称难读，唐代韩愈曾感叹其“诘屈聱牙”。为疏通经文，历代学者纷纷为之作注，然歧解异说，莫衷一是。阅读《尚书》必须首先了解文本的语言状况。《尚书》所反映的语言类型时期属于上古汉语的后期，这个时期语言的特征是新旧语言形式的急速交替。就句法而言，《尚书》既有见于甲骨文、金文而不见于先秦两汉文献的语法现象和语法形式，又有见于先秦两汉文献而不见于甲骨文、金文的语法现象和语法形式，当然，也有既不见于甲骨文、金文，也不见于先秦两汉文献的语法现象和语法形式。《尚书》中还有大量的通假字，后代用例很少。词汇以单音词为主，抽象实词比例较大，多古解僻义，不见于后代的词义系统。《尚书》中的自称代词并非单复数同形，而是用不同形态的同义词来表达。今文《尚书》没有结构助词“者”和句末语气助词“也”，叹词丰富，句末语气助词贫乏。读懂读通《尚书》有时需要参考一些研究专书和工具书，诸如《今文尚书词汇研究》《今文尚书句法研究》《尚书通检》《尚书词典》，也需要熟悉一些类《尚书》学文献，如《逸周书》《清华简》。

读懂读通《尚书》的关键是需要有一个较好的译注本，其标准是版本精善，注释易简精要，译文准确流畅，而且版式新颖，体例科学，装帧精美。

本书选取中华书局影印《十三经注疏》本《尚书正义》为底本，参之以《尚书易解》《书集传》断句分节。注释参考了百余种古今传注和学术论文，去粗取精，择善而从。或有未明，间下己见，言必有据。聚讼纷纭，采取共识，不存诸说，以简为要。注释格式以单句为一个注释序号，以字词为一个注释条目，不旁征博引，不繁琐考证，不串讲句义。难字注音，艰涩的词语简明语源和语境义，复杂的语法现象点明结构关系，特别重要的典章制度和历史事件做简要说明。

严复曾指出："译事三难：信、达、雅。"典籍今译亦如是。本书译文力求准确，忠实原文；遣词注重规范，通畅易解；文辞讲究典雅，庄重古朴。同时，译注力避重复。古词僻字，省略倒文，注释追求"信"，译文追求"达"和"雅"，注释和译文各有侧重，互为补充，相辅相成。

本书体例先是导读，再分节经文，然后分节注释，最后分节译文，分段说明大意。导读包括解题述旨，重在说明各篇的文化价值，引导阅读，把握精髓。孔子曰："人能弘道，非道弘人。"《尚书》文本自不能言，需要人理解阐释，实现《书》学与现代文化的相融共通。研读《尚书》就要把注意力放在义理的发现上，以求"圣人之心"。经典的价值不仅在于传承文本，更注重经世致用。只有阐释和弘扬经典的现代意义，经典才有历久弥新的永恒生命力。

中华民族的伟大复兴，首先必须"大力弘扬中华优秀传统文化"，经典传承的"创造性转化、创新性发展"已经成为时代主旋律。近年来，我先后接到二十八家出版社撰写《尚书》译注类专书的邀约，但我已年过古稀，心有余而力不足。善品堂创始人何德益先生不惧疫情，二下广陵，以道会友。他的情怀、见识和真诚，感染了我，只能恭敬从命，勉为其难。本书是一个全新译注本，希望能给读者带来阅读和欣赏上的帮助。

庄子感叹："吾生也有涯，而知也无涯。以有涯随无涯，殆已！"（《庄子·内篇·养生主第三》）当今的资讯社会日新月异，知识呈几何级数扩展。如何以有涯之生命，建辉煌之功业，我们应该从祖先的智慧中寻求中华民族不老的基因，应该认真阅读千百年来中国人安身立命的重要元典。《尚书》疏通知远，垂世立教，恢弘至道，那么就先从读《书》开始吧！

钱宗武

辛丑癸巳于岳麓书院望江楼

目　录

虞书

夏书

商书

周书

虞书

尧典

尧，相传是我国原始社会后期的著名首领，名放勋，属陶唐氏，又称唐尧。典，商代甲骨文字形好像双手捧册，是《尚书》的一种文体，专门记载上古重要的典章制度。史官记叙尧的美德和事迹，所以叫《尧典》。

《尧典》是中国政书的最早篇章，反映了中国政统古老的禅让制度和尧舜时代的议政制度。尧所开启的“三代之治”“君臣共治”成为中国政统行政运行的重要原则，在封建社会各个历史阶段概莫能外。

《尧典》也是中国上古史的奠基篇。中国古代的帝王世系由《史记》的《五帝本纪》建构。《五帝本纪》的史料来源就是《尧典》全文，再辅以战国末的《帝系姓》和《五帝德》的相关材料。

《尧典》是人类“观象时代”观象记时的最早文献记录，已为现代科学研究所证实。天文学家竺可桢《中国古代在天文学上的伟大贡献》论定《尧典》的“三百有六旬有六日”就是阴历年，“以闰月定四时，成岁”则是阴阳历合用，比同时代的其他文明古国的历法更为先进。观象记时还反映了我国古代天人同构的宇宙认知模式。认识天文制定历法的目的在于指导人类生产生活。同时，人们在掌握宇宙秩序及其运动规律的过程中，会触类旁通，对应人间社会秩序及其运动规律。后世“天人合一”学说与“历象授时”有着密切的因果联系。

《尧典》成书年代目前尚不可确证。西汉伏生所传今文《尚书》中的《尧典》包括下篇《舜典》的内容。本书则依《孔传》本古文《尚书》分为两篇。

曰若稽古[1]。帝尧曰放勋[2]。钦明文思安安[3]。允恭克让[4]，光被四表[5]，格于上下[6]。克明俊德[7]，以亲九族[8]；九族既睦，平章百姓[9]。百姓昭明，协和万邦，黎民于变时雍[10]。

［注释］

1 曰若：发语辞，无义。稽：考察。

2 帝：此处实指原始社会部落联盟首领。三皇五帝是王朝时代的史家构拟的上古帝王世系，原始社会没有皇、帝和王。本书为忠于原著，一切专名皆沿用经文。

3 钦：恭俭。郑玄：“敬事节用谓之钦。”明：明察。郑玄：“照临四方谓之明。”文：善治天下。郑玄：“经纬天地谓之文。”思：马融释为“道德纯备谓之思”。安安：一作“晏晏”。《尔雅·释训》：“晏晏，温和也。”

4 允：《说文·儿部》：“信也。”恭：郑玄：“不懈于位曰恭。”克：能够。让：谦让。

5 光：广大、普遍。《经义述闻》：“‘光’作‘横’又作‘广’，字异而声义同。”被：本义为被子，引申义为覆盖、遍及。表：本义为外衣。《说文·衣部》：“上衣也。”引申义为外边。

6 格：通“各”。各，甲骨文义作“来”“至”。上下：指天地。郑玄：“言尧德光耀及四海之外，至于天地。”

7 俊：《说文·人部》：“材千人也。”本义指才智超过一般的人，引申义为杰出。

8 亲：使动用法，意为“使……和睦”。九族：君王的亲属。郑玄谓自高祖至玄孙，凡九。

9 平：“釆”之形讹。平、釆小篆字形相似。《说文·釆部》：“釆，辨别也。象兽指爪分别也。读若‘辨’。”详见惠栋《九经古义》。章：彰明。百姓：百官族姓。见

《孔疏》。

10 黎：众。于：更代、更递。本焦循说。《尔雅·释诂》："于，代也。"时：善。雍：和睦。

[译文]

查考往事。帝尧名叫放勋。他敬事节俭，明照四方，善治天下，道德纯备，温和宽容。他诚实敬业，又能谦让，（盛德的光辉）普照四方，至于天地。他能发扬大德，使家族亲密和睦；家族和睦以后，又辨明百官的政事。百官的政事辨明了，又协调万邦诸侯和顺，天下的老百姓渐渐变得善良和睦了。

以上第一段，总述尧的大德和功绩。

乃命羲和[1]，钦若昊天[2]，历象日月星辰[3]，敬授人时[4]。分命羲仲，宅嵎夷，曰旸谷[5]。寅宾出日[6]，平秩东作[7]。日中[8]，星鸟[9]，以殷仲春[10]。厥民析[11]，鸟兽孳尾[12]。申命羲叔，宅南交[13]。平秩南讹[14]，敬致[15]。日永[16]，星火[17]，以正仲夏。厥民因[18]，鸟兽希革[19]。分命和仲，宅西，曰昧谷。寅饯纳日[20]，平秩西成[21]。宵中[22]，星虚[23]，以殷仲秋。厥民夷[24]，鸟兽毛毨[25]。申命和叔，宅朔方，曰幽都[26]。平在朔易[27]。日短，星昴[28]，以正仲冬。厥民隩[29]，鸟兽氄毛[30]。帝曰："咨！汝羲暨

和。期三百有六旬有六日[31]，以闰月定四时成岁[32]。允厘百工[33]，庶绩咸熙。”

［注释］

1 乃：于是。羲和：羲氏与和氏，都是重黎的后代，世代掌管天地和四时。马融：“羲氏掌天官，和氏掌地官，四子掌四时。”在神话传说中，羲和或为驾御日车的神，或为太阳的母亲。《离骚》：“吾令羲和弭节兮。”洪兴祖补注：“日乘车驾以六龙，羲和御之。”《山海经·大荒南经》：“羲和者，帝俊之妻，生十日。”后来神话传说历史化，羲和成为制定历法的官。

2 钦：敬慎。若：甲骨文字形像一个女子梳理头发。引申为“顺从”。昊：广大。

3 历：《尔雅·释诂》：“数也。”象：取法。《楚辞》王逸注：“象，法也。”

4 人：本作“民”，唐天宝三年卫包避唐太宗李世民名讳改“民”为“人”。说见段玉裁《古文尚书撰异》。

5 旸yáng：《说文·日部》：“旸，日出也。”旸谷，传说中日出的地方。

6 寅：敬。宾，同“傧”，导。

7 平秩：辨别测定。作：《广雅·释诂》：“始也。”东作，太阳从东方始升的时刻。

8 日中：昼夜长短相等，这里指春分。

9 星鸟：星名，南方朱雀七宿。因呈鸟形，故称“星鸟”。

10 殷：正，定。仲：每季中间的那一月。

11 厥：其。析：分散。

12 孳尾：生育。《孔传》：“乳化曰孳，交接曰尾。”

13 交：指交趾，地名。《墨子·节用》：“尧治天下，南抚交趾。”

14 讹：运行。《诗经·小雅·无羊》“或寝或讹”西汉毛亨释“讹，动也”。

15 致：归，回归。

16 永：长。夏至白天最长。

17 星火：火星，东方青龙七宿之一，夏至黄昏出现在南方。

18 因：就，指就高地居住。

19 希：通“稀”。革：通“翱”。《玉篇》：“翱，羽也。”郑玄说：“夏时鸟兽毛疏皮见（现）。”

20 饯：送行。纳日：落日。《尚书大传》作“入日”。

21 西成：太阳西落的时刻。《皋陶谟》郑注：“成，终也。”

22 宵中：昼夜长短相等，这里指秋分。

23 星虚：星名，北方玄武七宿之一。

24 夷：平，指住到平地。

25 毨xiǎn：羽毛更生。

26 幽都：幽州。“都”与“州”古音相近。今河北北部及辽宁一带。

27 在：《尔雅·释诂》“察也。”朔：北方。易：改易。指太阳运行。

28 星昴：星名，西方白虎七宿之一。

29 隩yù：通“奥”，室。

30 氄rǒng：细毛。

31 期jī：一周年。有：通“又”，用于整数与余数之间。

32 以闰月定四时：月亮绕地球运行一周，需时二十九天多。一年十二月，大月三十天，小月二十九天，共计三百五十四天，比一年的实际天数少十一天多。因此必须安排闰月，否则四时就会错乱。

33 允：《经传释词》释为“用”。厘：治理。百工：百官。

[译文]

（尧）于是命令羲氏与和氏，敬慎地遵循天数，推算日月星辰运行的规律，制定出历法，敬慎地把天时节令告诉人们。分别命令羲仲，住在东方的旸谷，恭敬地迎接日出，辨别测定太阳东升的时刻。昼夜时间长短相等，南方朱雀七宿

（黄昏时出现在天的正南方），依据这些确定仲春时节。这时，人们分散在田野，鸟兽开始生育繁殖。又命令羲叔，住在南方的交趾，辨别测定太阳往南运行的情况，恭敬地迎接太阳向南回归。白昼时间最长，火星（黄昏时出现在天的正南方），依据这些确定仲夏时节。这时，人们住在高处，鸟兽的羽毛稀疏。又命令和仲，住在西方的昧谷，恭敬地送别落日，辨别测定太阳西落的时刻。昼夜长短相等，虚星（黄昏时出现在天的正南方），依据这些确定仲秋时节。这时，人们又回到平地上居住，鸟兽换生新毛。又命令和叔，住在北方的幽都，辨别观察太阳往北运行的情况。白昼时间最短，昴星黄昏时（出现在天的正南方），依据这些确定仲冬时节。这时，人们住在室内，鸟兽长出了柔软的细毛。尧说："啊!你们羲氏与和氏啊，一周年是三百六十六天，要用加闰月的办法确定春夏秋冬四季而成一岁。由此规定百官的事务，许多事务都会兴办起来。"

以上第二段，叙述尧制定历法节令的情况。

帝曰："畴咨若时登庸[1]？"

放齐曰[2]："胤子朱启明[3]。"

帝曰："吁[4]！嚚讼可乎[5]？"

帝曰："畴咨若予采[6]？"

驩兜曰[7]："都[8]！共工方鸠僝功[9]。"

帝曰："吁！静言庸违[10]，象恭滔天[11]。"

帝曰："咨！四岳[12]。汤汤洪水方割[13]，荡荡怀山襄陵[14]，浩浩滔天[15]。下民其咨[16]，有能俾乂[17]？"

佥曰："於[18]！鲧哉[19]。"

帝曰："吁！咈哉[20]，方命圮族[21]。"

岳曰："异哉[22]！试可乃已[23]。"

帝曰："往，钦哉[24]！"

九载，绩用弗成。

[注释]

1 畴：谁。咨：语气助词，无义。若：治理。登庸：升用。马融说："羲和为卿官，尧之末年皆以老死，庶绩多阙，故求贤顺四时之职，欲用以代羲和。"

2 放齐：人名，尧的臣子。

3 胤yìn：后嗣。朱：丹朱，尧的儿子。启明：开明。

4 吁：叹词，惊叹中又带有否定的语气。

5 嚚yín：不说忠信的话。《左传·僖公二十四年》："口不道忠信之言为嚚。"讼：好争辩。

6 采：事。《皋陶谟》"载采采"，《史记·夏本纪》引作"始事事"。

7 驩兜：尧的大臣，四凶之一。

8 都：叹词，表赞美。《书集传》："都，叹美之辞也。"

9 共工：尧的大臣，四凶之一。方：通“防”。鸠：通“救”。《说文》引作“救”。僝zhuàn：马融：“具也。”

10 静言：巧言。《史记·五帝本纪》引作“善言”。《汉书·翟方进传》：“静言令色，外巧内嫉。”“静言令色”即《论语·学而》的“巧言令色”。庸：《尔雅·释诂》：“庸，常也。”违：邪僻。

11 象恭：貌似恭敬。滔：通“谄”。《尔雅·释诂》：“谄，疑也。”见孙诒让《尚书骈枝》。

12 四岳：官名，主持四岳的祭祀，为诸侯之长。

13 汤汤shāng：水大的样子。割：通“害”。

14 荡荡：广大的样子。怀：包围。襄：上，涨上。

15 浩浩：水势远大的样子。“汤汤洪水方割，荡荡怀山襄陵，浩浩滔天”一句衍化出成语“浩浩汤汤”和“浩浩荡荡”。起初用“浩浩汤汤”，后惯用“浩浩荡荡”。滔天：巨浪接天，形容水势汹涌澎湃。

16 其：表肯定语气，可译为“应当”“必定”。

17 俾：使。乂：治理。《尚书》无“者”字结构，“能俾乂”相当于“能俾乂者”。

18 於：《助字辨略》：“又音‘乌’，叹美辞也。《书·尧典》：‘佥曰：於！鲧哉！’疏云：‘於，即呜字，叹之辞也。’”

19 鲧gǔn：尧的大臣，夏禹的父亲。哉：表示商度语气，无义。下文“佥曰：垂哉”及“佥曰：益哉”之“哉”同。

20 咈fú：王先谦释为：“言所举违错也。”哉：语气助词，这里表示陈述语气。

21 方命：郑玄：“方，放。谓放弃教命。”圮pǐ：毁坏。《尔雅·释诂》：“圮，毁也。”族：族类。

22 异：举。哉：语气助词，这里表示祈使语气。

23 试可乃已：《尚书集注音疏》：“试、已，皆用也。言用之可乃用尔。”又，此句《史记·五帝本纪》作“试不可用而已”。钱大昕说：“古人语急，以‘不可’为‘可’。”可备参考。

24 钦：敬。

［译文］

尧帝说：“谁能善治四时？我要提升任用他。”

放齐说：“您的儿子丹朱很开明。”

尧帝说：“唉！他说话虚妄，又好争辩，可以吗？”

尧帝说：“谁善于处理我们的政务？”

驩兜说：“啊！共工防水救灾已具有成效。”

尧帝说：“唉！他巧言令色而心常邪僻，貌似恭谨而实疑上天。”

尧帝说：“啊！四方诸侯之长，滔滔的洪水普遍危害人们，水势奔腾包围了山岭，淹没了丘陵，浩浩荡荡，弥漫接天。老百姓必定在愁苦叹息，有能使洪水得到治理的人吗？”

众人都说：“啊！鲧吧。”

尧帝说：“唉！错了啊！他不服从命令，危害族人。”

四方诸侯之长说：“起用吧!试试可以的话，就任用他吧！”

尧帝说：“去吧，鲧！要谨慎啊！”

（鲧治水）九年，成效不好。

以上第三段，叙述尧选拔官员的情况。

帝曰：“咨！四岳。朕在位七十载[1]，汝能庸命[2]，巽朕位[3]！”

岳曰：“否德忝帝位[4]。”

曰：“明明扬侧陋[5]。”

师锡帝曰[6]：“有鳏在下[7]，曰虞舜。”

帝曰：“俞[8]！予闻，如何？”

岳曰：“瞽子[9]，父顽，母嚚，象傲，克谐。以孝烝烝[10]，乂不格奸[11]。”

帝曰：“我其试哉！女于时[12]，观厥刑于二女[13]。”厘降二女于妫汭[14]，嫔于虞[15]。

帝曰：“钦哉！”

［注释］

1 朕：《尔雅·释诂》："我也。"《古汉语纲要》引蔡邕《独断》："朕，我也。古者尊卑共之，贵贱不嫌则可同号之义也。秦始皇二十六年，制定'朕'为天子自称，后世因而不改。"此处为尊卑共享的自称代词，非独尧称"朕"，即皋陶等臣子也可称"朕"。

2 庸：用。

3 巽：《史记·夏本纪》作"践"。《礼记·中庸》"践其位"注："践，犹升也。"

4 否pǐ：鄙陋。《史记·五帝本纪》引作"鄙"。忝：辱，谓配不上。

5 明明：前"明"字，动词，明察；后"明"字，名词，贤明的人。扬：推举。侧陋：即侧陋者，指地位卑微的人。

6 师：众人。锡：赐，这里指献言。《尚书易解》："古者下对上亦称锡，犹今言贡献。"《禹贡》："九江纳锡大龟"，"锡"亦谓进献、进贡。

7 鳏guān：疾苦的人。《尔雅·释诂》："鳏，病也。"病有"苦"意，《左传·襄公二十四年》："范宣子为政，诸侯之币重，郑人病之。"

8 俞：对。表示应答。《尧典》中的叹词"俞"都用于对话。李学勤指出，传世文献中，"俞"作为叹词，见于《尚书·尧典》《舜典》《皋陶谟》《益稷》及伪古文《大禹谟》，先秦别的古籍少有此用法；而甲骨卜辞中则有“俞”作为叹词的用例，可证《尧典》来源很古。《史记·五帝本纪》作“然”。

9 瞽：瞎子。指舜的父亲乐官瞽瞍。《史记·五帝本纪》“瞽”引作“盲”。瞽子，引作“盲者子”。

10 以：介词，因为。烝烝：厚美。王引之曰：“烝烝即是孝德之形容。”《诗经·鲁颂·泮水》：“烝烝皇皇，不吴不扬。”《毛传》：“烝烝，厚也。”《诗经·大雅·文王有声》：“文王烝哉。”《韩诗》谓“烝，美也”。

11 乂yì：治理。奸：邪恶。

12 女：嫁女。时：通“是”，意为“这个人”。

13 厥：其。刑：法。这里指法则。《诗经·大雅·思齐》：“刑于寡妻。”《毛传》：“刑，法也。”二女：尧的女儿娥皇、女英。

14 厘：命令。妫：水名。汭ruì：水湾。

15 嫔：妇，作动词，为妇。这里指给虞舜为妇。

[译文]

尧帝说：“啊！四方诸侯之长！我在位七十年了，你们能用我之命，升任我的帝位吧！”

四方诸侯之长说：“（我们）德行鄙陋，不配升任帝位。”

尧帝说：“可以明察贤人，也可以推举地位低微的人。”

众人提议说：“在下面有一个穷困的人，名叫虞舜。”

尧帝说：“是的，我也听说过，（这个人）怎么样呢？”

四方诸侯之长回答说：“他是乐官瞽瞍的儿子。他的父亲心术不正，后母说话不诚实，弟弟象傲慢不友好，而舜能同他们和谐相处。他的孝心厚美，治理政事不至于坏吧！”

尧帝说：“我试试吧！嫁（我的两个女儿）给舜，（从这两个女儿那里）观察舜的治家之法。”于是命令两个女儿下到妫水湾，嫁给虞舜。

尧帝说：“（舜啊，你）恭敬谨慎地处理政务吧！”

以上第四段，叙述尧禅让虞舜的经过。

舜　典

舜，相传是我国原始社会后期的著名首领。舜名重华，属有虞氏，又名虞舜。史官记叙舜的事迹，所以叫《舜典》。

《舜典》是中国最早的刑罚资料。第一次提出尚德慎罚的法律思想，第一次记载官刑、教刑、赎刑等系列刑名，第一次记载流放罪的实施案例。《舜典》记载的刑罚及其刑法思想肯定是阶级社会的产物，却是研究中国法治史的珍贵史料。

《舜典》在传世文献中最早提出“礼”，第一次叙述朝聘礼、祭礼等礼仪，第一次记叙选拔典礼的官员。礼是中国古代社会的典章制度和道德规范，也是社会政治制度的体现。礼的表现形式主要是仪式和行为，实际内容是秩序和准则，建立国家、社会和个体一切行为的道德基础。郭店楚简《语丛二》说“礼生于情”，礼也显示了我国传统政教对人性的关怀，也显示出我国古代高超的政治智慧与行政艺术。

《舜典》在中国文学史上最早提出“诗言志”的文学理论术语，第一次记载先秦诗、乐、舞合一的文学艺术理论和文学艺术形态。《诗大序》说：“诗者，志之所之也，在心为志，发言为诗。情动于中而形于言，言之不足故嗟叹之，嗟叹之不足故永歌之，永歌之不足，不知手之舞之足之蹈之也。”

《舜典》最早记载先民“信鬼神、重淫祀”的社会现象。在思想史上第一次反映了“万物有灵”的原始信仰，这也是人类童年时代普遍存在的哲学思维。

《舜典》最早记载“使夔典乐，教胄子”的乐教史实，第一次提及统一音律和度量衡。本篇伏生本、郑玄本、王肃本都合于《尧典》，梅赜所献的古文尚书也没有《舜典》。《尧典》分为两篇，是晋元帝以后的事。

曰若稽古。帝舜曰重华，协于帝[1]。浚哲文明[2]，温恭允塞[3]。玄德升闻[4]，乃命以位[5]。慎徽五典[6]，五典克从[7]。纳于百揆[8]，百揆时叙[9]。宾于四门[10]，四门穆穆[11]。纳于大麓[12]，烈风雷雨弗迷。

帝曰：“格[13]！汝舜。询事考言[14]，乃言底可绩[15]，三载。汝陟帝位[16]。”

舜让于德，弗嗣。

[注释]

1 协：相同。

2 浚：深邃。哲：智慧。

3 温：温和。恭：谦逊。允：诚信。塞：笃实。

4 玄：《说文·玄部》：“象幽而入覆之也。”潜行，潜修。《孔疏》：“舜在畎亩之间，潜行道德，显彰于外，升闻天朝。”

5 命：任命。按“曰若……以位”二十八字，是齐明帝建武时姚方兴所增。

6 徽：陆德明《经典释文》：“徽，王云美，马云善也。”五典：下文又称“五品”“五常”。指父义、母慈、兄友、弟恭、子孝五种伦常关系。

7 克：能够。从：顺从。

8 纳：入。百揆：揆度庶事的官，总揽政务。《书集传》：“犹周之冢宰。”

9 时叙：承顺。《经义述闻》：“时叙，犹承叙也。承叙者，承顺也。”

10 宾：通“傧”，用如动词，迎接宾客。

11 穆穆：叠音词，容仪谨敬的样子。《尔雅·释训》："敬也。"郭璞注："皆仪容谨敬。"

12 大麓：官名。《说文·林部》："麓，守山林吏也。"

13 格：通"各"，来。呼语。

14 询：谋。

15 厎dǐ：致，"用"的意思，见《淮南子·修务训》注。

16 陟：登上。

[译文]

查考往事。舜帝名叫重华，德行与尧相合。他智慧深远而又明察，温和、谦虚、诚信而且实在。他的潜德上传为尧闻知，尧授给他官位。舜慎重地完善父义、母慈、兄友、弟恭、子孝五种常道，人们都能顺从。舜总理百官，百官都能承顺。舜在明堂四门迎接四方宾客，四方宾客都肃然起敬。舜担任守山林的官，在暴风雷雨的恶劣天气也不迷误。

尧帝说："来吧！舜啊。（我同你）谋划政事，又考察你的言论，你的建议采用了可以成功，已经三年了，你登上帝位吧！"

舜要谦让给有德的人，不肯继承帝位。

以上第一段，颂扬舜的美德和即位前的政绩。

正月上日[1]，受终于文祖[2]。在璇玑玉衡[3]，以齐七政[4]。肆类于上帝[5]，禋于六宗[6]，望于山川[7]，遍于群神。辑五瑞[8]，既月乃日[9]，觐四岳群牧[10]，班瑞于群后[11]。

[注释]

1 上日：善日，吉日。从王引之说。

2 受终：指接受尧的禅让。《孔传》说："终，谓尧终帝位之事。"文祖：尧太祖的宗庙，古时政事在宗庙举行。

3 在：《尔雅 · 释诂》："察也。"璇玑玉衡：北斗七星。《史记 · 天官书》："北斗七星，所谓'璇玑玉衡，以齐七政'。"玉衡是杓，璇玑是魁。

4 齐：排列。七政：七项政事，即祭祀、班瑞、东巡、南巡、西巡、北巡、归格艺祖。

5 肆：或作"遂"。一九六二年冬在河南省偃师县出土的熹平石经《尚书》残石有"以齐七政遂"五字。类：通"禷"，祭名，祭天之礼。《说文 · 示部》："以事类祭天神。"祭告继承帝位的事。上帝：天神。甲骨卜辞中"帝"常指上帝。据卜辞记载，上帝主宰气象（雨、雷、雹、风、雾、云等），支配年成，左右城邑安危，能够降福、降祸。

6 禋yīn：祭名。《说文 · 示部》："禋，洁祀也。"六宗：马融："天地四时也。"又，"宗"在商代可指安置祖先神主之处，甲骨文中有用例。据考古学研究，宗是具有遮阳蔽雨顶盖的祭坛，如殷代妇好墓上筑有“母辛宗”。金文中有“螒史戻乍（作）宝壶，用禋祀于兹宗室”句，可以作为参照。“禋于六宗”，可能就是以禋礼祭祀六位先祖。译文仍用马融说。

7 望：祭山川之名。

8 辑：敛，收集。五瑞：诸侯作为符信的五种玉。《周礼·春官·大宗伯》和《典瑞》都说：“公执桓圭，侯执信圭，伯执躬圭，子执谷璧，男执蒲璧。”

9 既月乃日：月和日都用作动词，即择月择日。

10 觐jìn：朝见。这里是使动用法，使……朝见。牧：官长。

11 班：通“颁”，分发。后：君长。

［译文］

正月的一个吉日，舜在尧的太庙接受了禅让的册命。他观察了北斗七星，列出了七项政事。然后向天帝报告继承帝位的事，祭祀了天地四时，祭祀山川和群神。又聚敛了诸侯的五种圭玉，选择吉月吉日，接受四方诸侯君长的朝见，把圭玉颁发给各位君长。

岁二月，东巡守，至于岱宗[1]，柴[2]。望秩于山川[3]，肆觐东后[4]。协时月正日[5]，同律度量衡[6]。修五礼、五

玉、三帛、二生、一死贽[7]。如五器[8]，卒乃复。五月南巡守，至于南岳，如岱礼。八月西巡守，至于西岳，如初。十有一月朔巡守，至于北岳，如西礼。归，格于艺祖[9]，用特[10]。

［注释］

1 岱宗：东岳泰山。

2 柴：通“祡”，祭天名。《说文·示部》：“祡，烧柴焚燎以祭天神。”

3 秩：次序。

4 东后：东方诸侯的君长。

5 时：指春夏秋冬四时。正：定。

6 同：统一。律：十二律，分为阴阳两类，凡属奇数的六律称阳律，属偶数的六律称阴律。奇数各律称“律”，偶数各律称“吕”，十二律又简称“律吕”。阳律六：黄钟、太簇、姑洗、蕤宾、夷则、无射；阴律六：大吕、夹钟、中吕、林钟、南吕、应钟。度：丈尺。量：斗斛。衡：斤两。

7 五礼：公侯伯子男五等朝聘之礼。五玉：即上文所说的五瑞。拿着称瑞，陈列称玉。三帛：三种不同色的丝织品，用来垫玉。郑玄：“三帛，所以荐玉也。受瑞玉者以帛荐之。”二生：活羊羔和活雁，卿大夫所执。一死：一只死野鸡，士所执。

8 如：同“而”，连词，表示承接关系。五器：即上文所说的五瑞。

9 艺祖：即文祖。

10 特：公牛。《孔疏》释为“一牛”。“特”本义指没有被阉割的公牛，此处“特”引申表示数量结构。“特”后来进一步演变为特殊基数词，用法同“一”。《国语·晋语》：“子为我具特羊之飨。”韦昭注：“特，一也。”“特羊”即“一羊”。

[译文]

这年二月，舜到东方巡视，到达泰山，举行了柴祭。对于其他山川，都按地位尊卑依次举行了祭祀，然后，接受了东方诸侯君长的朝见。协调春夏秋冬四时的月份，确定天数，统一音律、度、量、衡。制定了公侯伯子男朝聘的礼节和五种瑞玉、三种不同颜色的丝绸、二生一死的礼物制度。而五种瑞玉，朝见完毕后，仍然还给诸侯。五月，舜到南方巡视，到达南岳，所行的礼节同在泰山时一样。八月，舜到西方巡视，到达西岳，所行的礼节同当初一样。十一月，舜到北方巡视，到达北岳，所行的礼节同在西岳一样。回来后，到尧的太庙祭祀，用一头牛作祭品。

五载一巡守，群后四朝。敷奏以言，明试以功，车服以庸[1]。

肇十有二州[2]，封十有二山[3]，浚川。

象以典刑[4]。流宥五刑，鞭作官刑，扑作教刑[5]，金作赎刑。眚灾肆赦[6]，怙终贼刑[7]。“钦哉，钦哉，惟刑之恤哉[8]！”

流共工于幽州[9]，放驩兜于崇山[10]，窜三苗于三危[11]，殛鲧于羽山[12]，四罪而天下咸服[13]。

[注释]

1 庸：《尔雅 · 释诂》：“劳也。”这里指酬劳、慰劳。《尚书易解》：“车服以庸，赐车服以酬其劳也。”

2 肇：韦昭注《国语 · 齐语》“竱本肇末”云：“肇，正也。”指划定州界。

3 封：《说文 · 之部》：“爵诸侯之土也。”这里义为封土筑坛。郭沫若《甲骨文字研究》以为“封”之初文象土上植树，“即以林木为界之象形”，“古之畿封实以树为之也。此习于今犹存。然其事之起，乃远在太古。太古之民多利用自然林木以为族与族间之畛域，西方学者所称为境界林者是也”。

4 象以典刑：《尚书正读》释读为“刻画也。盖刻画墨、劓、剕、宫、大辟之刑于器物，使民知所惩戒，如九鼎象物之比”。一说“象刑”为远古社会的一种耻辱刑。《墨子》佚文：“画衣冠，异章服而民不犯。”《荀子·正论篇》杨倞注：“象刑异章服，耻辱其形象，故谓之象刑。”可备参考。

5 扑：古代教官使用的打人工具。

6 眚shěng：过错。肆：遂，就。

7 怙：依仗。贼：通“则”，连词。

8 恤：通“溢”。《尔雅·释诂》：“溢，慎也。”王引之说。惟：范围副词，只是。“惟刑之恤哉”，宾语前置句，即“惟恤刑哉”。

9 幽州：地名，马融：“幽州，北裔也。”北部边远地区。

10 崇山：地名。马融：“崇山，南裔也。”南部边远地区。

11 三苗：古国名。三危：地名。马融说：“三危，西裔也。”历来注释三危之地各异。

12 殛：流放。“放”“流”“窜”“殛”互文见义，都是流放、驱逐的意思。羽山：地名。马融：“羽山，东裔也。”

13 罪：作动词，判罪，处罚。而：连词，表承接关系。

[译文]

每五年巡视一次，诸侯在四岳朝见。四岳普遍报告政务，然后君王考察他们的政绩，赏赐车马衣物作为酬劳。

舜划定十二州的疆界，在十二州的名山上封土为坛举行祭祀，又疏通了河道。

舜在器物上刻画五种常用的刑罚。用流放的办法宽恕犯了五刑的罪人，用鞭子抽打作为官府的刑罚，用木条敲打作为学校的刑罚，用铜作为赎罪的刑罚。因过失犯罪，就赦免他；有所依仗终不悔改，就要施加刑罚。舜告诫说："谨慎啊，谨慎啊，刑罚要慎重啊!"

流放共工到幽州，流放驩兜到崇山，流放三苗到三危，流放鲧到羽山。这四个人被处罚了，天下的人都心悦诚服。

以上第二段，叙述舜在摄政期间的业绩。

二十有八载，帝乃殂落[1]。百姓如丧考妣，三载，四海遏密八音[2]。月正元日，舜格于文祖，询于四岳，辟四门，明四目，达四聪。

"咨，十有二牧[3]！"曰："食哉惟时[4]！柔远能迩[5]，惇德允元[6]，而难任人[7]，蛮夷率服[8]。"

［注释］

1 殂落：死亡。

2 遏：停止。密：《尔雅 · 释诂》："静也。"八音：金、石、丝、竹、匏、土、革、木八种乐器，泛指音乐。

3 牧：州的行政长官。

4 哉：句中语气助词，无义。王引之说。

5 柔：安。能：善。迩：近。柔远能迩，《孔传》："言当安远，乃能安近。"

6 惇：厚。作动词，亲厚。德：即德者，指有德之士。允：信。元：善。即善者，指善良的人。

7 难：拒绝。任人：佞人，指奸邪的人。

8 率：范围副词，都。殷武丁时期的卜辞里已较常见。

[译文]

（虞舜即位）二十八年后，尧帝逝世了。百姓好像死了父母一样地悲痛，三年间，全国上下停止了乐音。三年后正月的一个吉日，舜到了尧的太庙，与四方诸侯君长谋划政事，打开明堂四门宣布政教，使四方见得明白真切，听得清楚完整。

"啊，十二州的君长！"舜帝说："生产粮食必须遵循农时！安抚远方，爱护近邻，亲厚有德的人，信任善良的人，拒绝邪佞的人，这样，边远的外族都会服从。"

舜曰："咨，四岳！有能奋庸熙帝之载[1]，使宅百揆亮采[2]，惠畴[3]？"

佥[4]曰："伯禹作司空[5]。"

帝曰："俞，咨！禹，汝平水土，惟时懋哉[6]！"禹拜稽首[7]，让于稷、契暨皋陶。

帝曰："俞，汝往哉！"

帝曰："弃，黎民阻饥[8]，汝后稷[9]，播时百谷[10]。"

帝曰："契，百姓不亲，五品不逊[11]。汝作司徒[12]，敬敷五教[13]，在宽。"

帝曰："皋陶，蛮夷猾夏[14]，寇贼奸宄[15]。汝作士[16]，五刑有服，五服三就[17]。五流有宅[18]，五宅三居[19]。惟明克允[20]！"

[注释]

1 奋：奋发。庸：功，用功，努力。熙：广，光大。载：事。见《孔传》。

2 宅：居。百揆：官名。亮：辅导。采：事。

3 惠：助词。畴：谁。

4 佥qiān：全，都。

5 司空：三公之一，掌管土地。

6 时：通"是"，百揆之职。懋：勉力。

7 稽首：叩头。《孔传》："稽首，首至地。"《孔疏》："《周礼·太祝》：'辨九拜，一曰稽首。'稽首为敬之极，故为'首至地'。稽首是拜内之别名，禹拜乃稽首，故云'拜稽首'也。"

8 黎：众。阻饥：困厄于饥。

9 后：主，主持。稷：农官，主管播种百谷的事。

10 时：通“莳”，耕种。

11 五品：同上文“五典”，指五种人伦关系。逊：和顺。

12 司徒：三公之一，主管民政。（三公之一，主管教化。西周金文作“司土”。）

13 敷：布，施行。五教：五品之教。《左传·文公十八年》：“（舜）举八元，使布五教于四方。父义、母慈、兄友、弟共、子孝，内平外成。”《孟子·滕文公上》：“（圣人）使契为司徒，教以人伦：父子有亲，君臣有义，夫妇有别，长幼有叙，朋友有信。”说法有所不同，以备参考。

14 猾：扰乱。夏：中国。

15 寇：抢劫。贼：杀人。奸宄：犯法作乱，在外部作乱叫作奸，在内部作乱叫作宄。宄，也作“轨”。

16 士：狱官之长。

17 服：用。就：处所。三就，《书集传》：“孔氏以为大罪于原野，大夫于朝，士于市，不知何据。窃恐惟大辟弃之于市，宫辟则下蚕室，余刑亦就屏处。”

18 五流：五种流放。宅：处所。

19 三居：三种处所。

20 明：明察。允：公允。

[译文]

舜帝说："啊！四方诸侯的君长！有谁能奋发努力、发扬光大尧帝的事业，使居百揆之官辅佐政事呢？"

（众人）都说："伯禹可以做司空。"

舜帝说："好啊！禹，你曾经平定水土，还要努力做好百揆这件事啊！"禹跪拜叩头，辞让给稷、契和皋陶。

舜帝说："好啦，还是你去吧！"

舜帝说："弃，人们忍饥挨饿，你主持农业，教人们播种各种谷物吧！"

舜帝说："契，百姓不亲，父母兄弟子女不和顺。你做司徒吧，谨慎地施行五常教育，要注意宽厚。"

舜帝说："皋陶，外族侵扰我们中国，抢劫杀人，造成外患内乱。你做狱官之长吧，五刑各有使用的方法，五种用法分别在野外、朝、市三处执行。五种流放各有处所，分别住在三个远近不同的地方。要明察案情，能够公允！"

帝曰："畴若予工[1]？"

佥曰："垂哉[2]！"

帝曰："俞，咨！垂，汝共工[3]。"垂拜稽首，让于殳斨暨伯与[4]。

帝曰："俞，往哉！汝谐[5]。"

帝曰："畴若予上下草木鸟兽[6]？"

佥曰："益哉[7]！"

帝曰："俞，咨！益，汝作朕虞[8]。"

益拜稽首，让于朱虎、熊罴[9]。

帝曰："俞，往哉！汝谐。"

[注释]

1 若：善。工：官名，马融说："主百工之官。"

2 垂：人名。哉：语气词，表商度语气。

3 共工：官名，治理百工之事。

4 殳斨、伯与：皆为人名。

5 谐：偕，一同。

6 上下：上指山，下指泽。

7 益：人名，即伯益。

8 虞：掌管山林之官。

9 朱虎、熊罴：皆为人名。

[译文]

舜帝说："谁能当好掌管我们百工的官？"

都说："垂啊！"

舜帝说："好啊！垂，你当掌管百工的官吧！"垂跪拜叩头，让给殳斨和伯与。

舜帝说：“好啦，去吧！你们一起去吧！”

舜帝说：“谁掌管我们的山丘草泽的草木鸟兽呢？”

都说：“益啊！”

舜帝说：“好啦，啊！益，你担任我的虞官吧。”

益跪拜叩头，让给朱虎和熊罴。

舜帝说：“好啦，去吧！你们一起去吧！”

帝曰：“咨！四岳，有能典朕三礼[1]？”

佥曰：“伯夷[2]！”

帝曰：“俞，咨！伯，汝作秩宗[3]。夙夜惟寅[4]，直哉惟清[5]。”伯拜稽首，让于夔、龙[6]。

帝曰：“俞，往，钦哉！”

[注释]

1 典：主持。三礼：天事、地事、人事之礼。

2 伯夷：人名。

3 秩宗：官名，掌管次序尊卑之礼。

4 夙夜：早晚。寅：敬。

5 直：正直。哉：句中语气助词，无义。清：清明。

6 夔、龙：皆为人名。

[译文]

舜帝说："啊！四方诸侯的君长，有谁能主持我们祭祀天神、地祇、人鬼的三礼呢？"

（众人）都推荐："伯夷！"

舜帝说："好啊！伯夷，你担任掌管祭祀的礼官，要早晚恭敬行事，又要正直、清明。"伯夷跪拜叩头，辞让给夔和龙。

舜帝说："好啦，（你）去吧！要敬慎啊！"

帝曰："夔！命汝典乐[1]，教胄子[2]，直而温，宽而栗[3]，刚而无虐，简而无傲。诗言志，歌永言[4]，声依永，律和声。八音克谐，无相夺伦[5]，神人以和[6]。"

夔曰："於[7]！予击石拊石[8]，百兽率舞[9]。"

[注释]

1 典：主持，掌管。乐：乐官。

2 胄子：未成年的人。

3 而：前后的四个"而"均为连词，表并列关系。栗：坚，这里指庄重。

4 永：通"咏"。

5 相：互相。夺：失去。

6 以：连词，表因果关系。

7 於wū：是表示赞美的叹词。《孔疏》：“夔答舜曰：鸣呼！我击其石磬，拊其石磬，诸音莫不和谐，百兽相率而舞，乐之所感如此，是人神既已和矣。”

8 拊：轻轻叩击。石：石磬。

9 率：王引之认为“率”与上文“神人以和”的“以”用法相同，都可以训为“用”，也就是“因此”。见《经传释词》。

[译文]

舜帝说：“夔！任命你主持乐官，教导年轻人，使他们正直而温和，宽厚而庄重，刚毅而不粗暴，简约而不傲慢。诗表达思想感情，歌是唱出来的语言，五声要根据所唱而选定，六律要和谐五声。八类乐器的声音能够调和，不使它们乱了次序，那么神和人都会因此而和谐了。”

夔说：“啊！我敲击石磬，使扮演各种兽类的舞队依着音乐舞蹈起来。”

帝曰：“龙！朕堲谗说殄行[1]，震惊朕师[2]。命汝作纳言[3]，夙夜出纳朕命[4]，惟允！”

帝曰：“咨！汝二十有二人[5]，钦哉！惟时亮天功[6]。”

三载考绩，三考，黜陟幽明[7]，庶绩咸熙[8]。

分北三苗[9]。

[注释]

1 塈jí：厌恶。殄：病，危害。

2 师：民众。

3 纳言：官名。郑玄说：“如今尚书，管王之喉舌也。”

4 出纳朕命：这是一个特殊并列句。“出纳朕命”实际上就是“出朕命（传达朕命）”，“出纳”并非偏义复合词，分析上下语境和与前后词语的组配，“纳”承上，“出”连下。传达朕命首先要接受朕命。出纳朕命，亦即接受朕命，传达朕命。这是运用“共享”的修辞手法。

5 有：通“又”，用于整数和零数之间。

6 时：善，好好地。亮：领导。天功：大事。

7 黜陟幽明：即“黜幽陟明”，运用了并提的修辞方法。黜：罢免。陟：提升。幽：即幽者，昏庸的人。明：即明者，贤明的人。

8 熙：兴。《尚书正读》：“庶绩咸熙，犹云咸熙庶绩也。”“庶绩”是受事主语。“庶绩咸熙”，也见于《尧典》。

9 北：别。郑玄说：“北，犹别也。”

[译文]

舜帝说："龙！我厌恶谗毁的言论和危害的行为，会使我的民众震惊。我任命你担任纳言的官，早晚接受我的命令，传达我的命令，必须真实！"

舜帝说："啊！你们二十二人，要敬慎啊！要好好领导天下大事啊！"

舜帝三年考察一次政绩，考察三次后，罢免昏庸的官员，提拔贤明的官员，于是，许多工作都兴办起来了。

又分别对三苗作了安置。

以上第三段，叙述舜任用百官、分别三苗的情况。

舜生三十征[1]，庸三十[2]，在位五十载，陟方乃死[3]。

[注释]

1 征：被征召。《史记 · 五帝本纪》："舜生二十以孝闻，年三十尧举之。"可见舜是"被征"。"舜生三十征"意谓"舜三十岁时被征召"。这是用主动句的句子形式表示被动语意，"舜"是受事主语。

2 庸：用。三十：今文作"二十"，当从之。说见《古文尚书撰异》。

3 陟方：巡狩。

［译文］

舜三十岁时被征召，施政二十年，在帝位五十年，在巡狩南方时逝世。

以上第四段，总述舜的从政简历。

大禹谟

禹，虞舜的大臣，治理洪水，建立了大功，后人尊称为大禹。谟，谋。史官首段记叙了大禹、伯益和舜谋划政事，所以叫《大禹谟》。

《大禹谟》是研究中国思想史和学术史重要的史料。

《大禹谟》第一次提出“中”的哲学命题和执政理念。中国古代哲学认为“中”代表有形空间位置的中央，也指无形世间一切的适中、中和、中正、中庸。执中就能洞察微危，不偏不倚，驾驭六极。舜让位于禹时，再三叮嘱：“人心惟危，道心惟微，惟精惟一，允执厥中。”这就是著名的“虞廷十六字诀”，也是世所称道的“十六字心传”。最紧要的就是“允执厥中”，根据《论语·尧曰》的记载，这又是尧让位于舜时，对舜的叮嘱。“允执厥中”即“允执其中”。《大禹谟》这十六个字经宋代学者发挥，形成“三圣传心”说，朱熹将此学说发扬光大，融合《中庸》的中和思想，并与“天理”“人欲”相结合。朱熹认为人心包含着欲望，道心则是天理，主张人要克制人心、人欲，遵守道心、天理。“虞廷十六字诀”是构建宋明理学和阳明心学学术体系的理论基础。

《大禹谟》作为政治学史上第一个议政会议实录，充满远古丰富的政治智慧。《大禹谟》要求政治领袖必须珍爱生命，关心民众疾苦：“不虐无告，不废困穷。”“正德利用厚生惟和。”“德惟善政，政在养民。”《大禹谟》要求政治领袖必须任贤去邪，广开言路：“任贤勿贰，去邪勿疑。”“无稽之言勿听，弗询之谋勿庸。”“稽于众，舍己从人。”《大禹谟》要求政治领袖必须克勤克俭，齐家治国：“慎乃有位，敬修其可愿，四海困穷，天禄永终。”“克勤于邦，克俭于家。”《大禹谟》要求政治领袖必须注重法治，提倡尚德慎罚：“儆戒无虞，罔失法度。”“宥过无大，刑故无小；罪疑惟轻，功疑惟重；与其杀不辜，宁失不经；好生之德，洽于民心。”这些构成中国历代政治家始终遵守的治政方法和执政经验。

《大禹谟》还有一些语词一字不易，口口相传，成为整个民族的道德规范。有些则成为成语、格言，活在我们的语言中，历久弥新，诸如：“满招损，谦受益。”“舍己从人。”“好生之德。”“野无遗贤，万邦咸宁。”

曰若稽古。大禹曰文命[1]，敷于四海[2]，祗承于帝[3]。曰：“后克艰厥后[4]，臣克艰厥臣，政乃乂。黎民敏德[5]。”

帝曰：“俞！允若兹[6]，嘉言罔攸伏[7]，野无遗贤[8]，万邦咸宁。稽于众，舍己从人，不虐无告[9]，不废困穷，惟帝时克。”

益[10]曰：“都[11]！帝德广运[12]。乃圣乃神，乃武乃文[13]；皇天眷命[14]，奄有四海[15]，为天下君。”

禹曰：“惠迪吉[16]，从逆凶，惟影响[17]。”

［注释］

1 文命：大禹名。《史记·夏本纪》：“夏禹名曰文命。”

2 敷：施治。

3 祗zhī：恭敬。

4 后：君王。艰：认为……艰难，意动用法。

5 敏：勉，勉力。德：修德。

6 允：的确。若：如，像。

7 嘉言：善言。罔：无。攸：所。伏：隐伏。

8 野：民间。

9 无告：即无告者，指鳏寡孤独。下句“困穷”，亦即困穷者，困苦贫穷的人。

10 益：伯益，虞舜的大臣。

11 都：表赞美的叹词。

12 广运：广远。《孔传》：“广谓所覆者大，运谓所及者远。”

13 乃：如此，见《词诠》。这两句四个“乃”字都是如此。武：能定祸乱。文：善治天下，经天纬地。

14 眷：顾念。

15 奄：尽。

16 惠：顺。《诗经·邶风·燕燕》：“终温且惠，淑慎其身。”《毛传》：“惠，顺也。”迪：《孔传》：“道也。”

17 影响：《孔传》：“吉凶之报，若影之随形，响之应声。”意思是君王要顺应天道，要把当好君王看作难事。

[译文]

查考古事。大禹名叫文命，他治理四海，敬慎地辅助帝舜。他说：“君王能够知道做君王的艰难，臣子能够知道做臣子的艰难，政事就能治理，黎民百姓就能勉力修德了。”

舜帝说：“对！确实像这样，善言嘉谋都能自由表达，民间没有被遗弃的贤人，天下就都安宁了。政事同众人商讨，舍己从人，不虐待鳏寡孤独无依无靠的人，不放弃困苦贫穷的人，只有尧帝能够这样。”

伯益说："啊！尧德广远，如此圣明，如此神妙，如此英武，这样华美；于是上天顾念，使他尽有四海之内，而做天下的君主。"

禹说："顺从善就吉，顺从恶就凶，就像影和响顺从形体和声音一样。"

益曰："吁[1]！戒哉！儆戒无虞[2]，罔失法度，罔游于逸，罔淫于乐。任贤勿贰，去邪勿疑，疑谋勿成，百志惟熙[3]。罔违道以干百姓之誉[4]，罔咈百姓以从己之欲[5]。无怠无荒，四夷来王。"

禹曰："於！帝念哉！德惟善政，政在养民。水、火、金、木、土、谷惟修，正德、利用、厚生惟和[6]，九功惟叙[7]，九叙惟歌。戒之用休[8]，董之用威[9]，劝之以九歌[10]，俾勿坏[11]。"

帝曰："俞！地平天成[12]，六府三事允治[13]，万世永赖，时乃功。"

[注释]

1 吁xū：叹词。

2 儆jǐng：警惕。虞：误，失误。

3 志：《孟子·公孙丑》注："心所念虑也。"熙：广。

4 干：求。

5 咈：《说文 · 口部》：“咈，违也。”

6 正德：使人们的道德行为正当。利用：利民之用。厚生：使民众丰衣足食。和：俞樾读为“宣”。《盘庚上》“汝不和吉言于百姓”之“和”词义同。

7 九功：九事。水火金木土谷，叫六府；正德、利用、厚生，叫三事。合称九功。叙：次序，引申为安排。

8 休：美。

9 董：督察。

10 劝：劝勉，鼓励。

11 俾：使。

12 平：《孔传》：“水土治曰平。”天成：《书集传》：“万物得以成遂也。”

13 六府：指“水火金木土谷”，这是民众生活必需的物质。府是收藏财物的地方，因此，“水火金木土谷”称为“六府”。三事：指“正德、利用、厚生”，这是治理民众的三件政事。

[译文]

伯益说：“啊！要戒惧呀！警诫不要失误，不要放弃法度，不要放纵游玩，不要过度安乐。任用贤人不要怀疑，除去邪人不要犹豫。可疑之谋不要实行，各种思虑应当广阔。不要违背治道求取民众称赞，不要违背民众顺从内心私欲。

（如果坚持这些）不懈怠，不荒废，四方各民族的首领就会来朝见天子了。”

禹说：“啊！帝需深思（伯益的话）！帝德就是善治政事，政事在于教养民众。水、火、金、木、土、谷六种生活资料应当治理，正德、利用、厚生三件大事应当宣扬，这九件事应当理顺，九事理顺了应当歌颂。要用美德规劝臣民，用威罚监督臣民，用九歌勉励臣民，使政事不会败坏。”

舜帝说：“对！水土平治，万物成长，六府和三事得以切实治理，利在千秋万代，这是你的功勋。”

以上第一段，记叙大禹与伯益和帝舜讨论政事。

帝曰：“格，汝禹！朕宅帝位三十有三载，耄期倦于勤[1]。汝惟不怠，总朕师[2]。”

禹曰：“朕德罔克，民不依。皋陶迈种德[3]，德乃降，黎民怀之[4]。帝念哉！念兹在兹，释兹在兹，名言兹在兹，允出兹在兹[5]。惟帝念功！”

帝曰：“皋陶！惟兹臣庶，罔或干予正[6]。汝作士[7]，明于五刑[8]，以弼五教[9]。期于予治[10]，刑期于无刑，民协于中[11]。时乃功，懋哉[12]！”

皋陶曰：“帝德罔愆。临下以简，御众以宽；罚弗及嗣，赏延于世；宥过无大，刑故无小[13]；罪疑惟轻，功疑惟重；与其杀不辜，宁失不经[14]。好生之德[15]，洽于民心，兹用不犯于有司[16]。”

帝曰：“俾予从欲以治，四方风动，惟乃之休。”

[注释]

1 耄期：《孔传》：“八十九十曰耄，百年曰期颐。”

2 总：总领，统率。师：众。

3 皋陶：舜的大臣。迈：通“励”，勤勉。种：树立。

4 怀：《孔传》：“归也。”

5 “念兹在兹”以下四句，每句前一“兹”字，代指德；后一“兹”字，代指皋陶。释，通“怿”，《尔雅·释诂》：“怿、悦、愉，乐也。”名言：称述。出：推行。

6 或：有人。干：犯。正：通“政”。

7 士：古代主管刑狱的官。

8 五刑：墨、劓、剕、宫、大辟五种刑罚。

9 弼：辅佐。五教：五常之教，指父义、母慈、兄友、弟恭、子孝。

10 期于予治：《孟子·万章上》：“汝其于予治。”赵歧注：“汝故助我治事。”“期于予治”就是“汝其于予治”，意思是你帮助我治理政事。

11 协：《尔雅·释诂》：“服也。”服从。中：《孔传》：“大中之道。”

12 懋：美好。

13 故：故意犯罪。

14 不经：不守正道的罪。

15 好hào生：爱惜生灵，不从事杀戮。

16 有司：官吏。古代设官，官员各司专职，因此称为有司。

[译文]

舜帝说：“来呀，禹！我居帝位三十三年了，现在年事已高，辛勤劳苦。你从不懈怠，来统率我的众民吧！”

禹说：“我的德性不能胜任，民众不会归顺。皋陶勤勉树立德政，德惠下施于民，民众归附他。舜帝，您应当考虑他呀！念德在于皋陶，悦德在于皋陶，宣德在于皋陶，行德也在于皋陶。帝要深念他的功绩呀！”

舜帝说：“皋陶！这些臣民没有人冒犯我的政事。你做士官，能明五刑以辅助五常之教。你帮助我治理政事，施刑期待达到无刑，民众都能合于中道。这是你的功劳，做得真好呀！”

皋陶说：“帝德没有失误。用简约理政，用宽缓治民；刑罚不及于子孙，奖赏扩大到后代；宽宥过失不论罪多大，处罚故意犯罪不问罪多小；罪可疑时就从轻发落，功可疑时就从重奖赏；与其杀掉无罪的人，宁肯遗漏不守正道的人。帝珍爱生命的美德，合于民心民意，因此民众就不冒犯官吏。”

舜帝说：“你使我依从人民的愿望来治理，四方民众纷纷响应，这是你的美德。”

帝曰：“来，禹！降水儆予[1]，成允成功，惟汝贤；克勤于邦，克俭于家，不自满假[2]，惟汝贤。汝惟不矜[3]，天下莫与汝争能[4]；汝惟不伐[5]，天下莫与汝争功。予懋乃德，嘉乃丕绩。天之历数在汝躬[6]，汝终陟元后[7]。人心惟危，道心惟微，惟精惟一，允执厥中[8]。无稽之言勿听，弗询之谋勿庸。可爱非君？可畏非民？众非元后何戴[9]？后非众罔与守邦[10]。钦哉！慎乃有位，敬修其可愿[11]。四海困穷，天禄永终[12]。惟口出好兴戎[13]，朕言不再。”

[注释]

1 降水：一作“洚水”。《书集传》：“洚水，洪水也。古文作降。”

2 假：《尔雅·释诂》：“大也。”

3 矜：《孔传》：“自贤曰矜。”

4 莫：无指代词，没有谁。

5 伐：《孔传》：“自功曰伐。”

6 历数：指帝王相继的次序。好像岁时节气的先后。

躬：自身。

7 陟：升。元：大。后：君。大君，指天子。

8 道心：《书集传》："心者，人之知觉主于中而应于外者也。指其发于形气者而言，则谓之人心。指其发于义理者而言，则谓之道心。"《孔疏》："居位则治民，治民必须明道。"据此，道心当指合于道义的思想。一：专一。《孔传》："危则难安，微则难明，故戒以精一，信执其中。"

9 何戴：拥戴谁？宾语前置句。

10 罔与：犹"罔以"，无以。

11 可愿：所希望的事，指道德之美。

12 天禄：上天赐的福禄。

13 出好：《孔疏》："谓爱人而出好言。"兴戎：《孔疏》："兴戎谓疾人而动甲兵"。

[译文]

舜帝说："来啊，禹！洪水警戒我们时，能够言行一致，完成治水工作，这是你的贤能；能勤劳于国，能节俭于家，不自满自大，这是你的贤能。你不自以为贤，天下没有人与你争能；你不夸功，天下没有人与你争功。我赞美你的德行，嘉许你的大功。上天的大命落到你的身上了，你终当升为大君。人心危险，道心精微，必须精诚专一，不折不扣地坚守中道。没有经过验证的话不要听信，独断专行的谋划不要实施。民众爱戴的不是君王吗？君王敬畏的不是民众吗？民众除非大君，他们拥戴谁？君王除非民众，没有人与他保卫国家。要恭敬啊！慎重对待你的职守，敬行民众希望做的事。如果天下民众困穷，上天赐给你的福命就永远终止了。嘴巴既能赞扬美言善行，也能引发战争祸患，我的话不说第二遍了。”

禹曰：“枚卜功臣[1]，惟吉之从。”

帝曰：“禹！官占[2]，惟先蔽志[3]，昆命于元龟[4]。朕志先定，询谋佥同[5]，鬼神其依，龟筮协从[6]，卜不习吉[7]。”

禹拜稽首，固辞[8]。

帝曰：“毋！惟汝谐[9]。”

正月朔旦，受命于神宗[10]，率百官若帝之初。

［注释］

1 枚卜：逐个占卜。古代用占卜的办法选官，对被选的人逐一占卜，吉者入选。

2 官占：占卜官的方法。

3 蔽志：蔽，断定。

4 昆：后。

5 询谋：询问众人的计谋。佥：都。

6 龟筮：龟指龟甲，筮是蓍草，都是古代用来占卜吉凶的东西。龟著象，筮衍数，用龟甲经火灼后显示裂纹图像预测吉凶叫卜，用蓍草奇偶多少预测吉凶叫筮。

7 习：《说文 · 羽部》：“数飞也。”本义指鸟多次飞翔，引申有重复、反复的意思。卜筮之法，前卜已吉，不待重复出现吉兆。

8 固辞：《孔传》：“再辞曰固。”

9 谐：指适合元后之位。

10 神宗：宗，宗庙。《孔传》：“神宗，文祖之宗庙。言神，尊之。”

［译文］

禹说：“请逐个卜问有功的大臣，然后听从吉卜吧！”

舜帝说：“禹！官占的办法，先定志向，而后告于大龟。（我传位给你的）志向先已定了，询问众人商量的意见都相同，鬼神依顺，龟卜占筮的结果也协合依从，况且卜筮的办法不须重复出现吉兆。”

禹跪拜叩首，再辞。

舜帝说：“不要推辞啊！只有你适合！”

正月初一早晨，禹在尧庙接受舜帝的禅让任命，像舜帝受命之时那样统率百官。

以上第二段，记叙舜禅让帝位的事。

帝曰：“咨，禹！惟时有苗弗率[1]，汝徂征[2]！”

禹乃会群后，誓于师曰：“济济有众，咸听朕命！蠢兹有苗[3]，昏迷不恭[4]。侮慢自贤[5]，反道败德。君子在野，小人在位。民弃不保，天降之咎。肆予以尔众士，奉辞伐罪。尔尚一乃心力[6]，其克有勋。”

三旬，苗民逆命。益赞于禹曰[7]：“惟德动天，无远弗届。满招损，谦受益，时乃天道。帝初于历山[8]，往于田，日号泣于旻天[9]，于父母，负罪引慝[10]。祗载见瞽瞍，夔夔斋栗[11]。瞽亦允若[12]，至诚感神[13]，矧兹有苗[14]？”

禹拜昌言曰：“俞!”

班师振旅[15]，帝乃诞敷文德[16]，舞干羽于两阶[17]。七旬，有苗格。

[注释]

1 有苗：我国古代的一个部族，又称三苗。有，名词词头，用在国名、部族名的前面，没有意义。

2 徂：往。

3 蠢：动。

4 昏迷：昏暗迷惑。

5 侮慢：轻慢、怠慢。

6 尚：庶几，表示期望。一：统一，整齐划一。

7 益：禹的功臣。赞：见。《说文·贝部》："赞，见也。"

8 历山：地名。《书集传》："在河中府河东县。"即今山西永济县。历来附会为舜耕作的遗迹有八处之多，实地不可考。

9 号háo：大声喊叫。旻mín天：秋天，这里泛指上天。

10 负罪：承担罪名。《史记·五帝本记》："舜父瞽叟盲，而舜母死，瞽叟更娶妻而生象，象傲。瞽叟爱后妻子，常欲杀舜，舜避逃；及有小过，则受罪。"又说："舜父瞽叟顽，母嚚，弟象傲，皆欲杀舜。舜顺适不失子道，兄弟孝慈。"

11 夔夔kuí：恐惧的样子。斋：庄敬。栗：战栗。

12 允：确实。若：和顺。

13 至諴xián：至和，至诚。

14 矧：何况。

15 振旅：整顿士众。《孔传》："兵入曰振旅，言整众。"

16 诞：大。敷：施行。

17 干：盾牌。羽：翳，用羽毛做的舞具。

[译文]

舜帝说："啊，禹！这些苗民不顺从我的教命，你前去征讨他们！”

禹于是会合诸侯，誓师说：“众位将士们，都听从我的命令！蠢动的苗民，昏庸不敬。侮慢常法，妄自尊大，违反正道，败坏常德。贤人在野，小人在位。民众被抛弃，上天降下灾祸。所以我率领你们众位将士，奉行帝舜的命令，讨伐苗民的罪行。你们应当同心同力，一定能够建立功勋。”

过了三十天，苗民还是不服。伯益会见大禹，说：“只有德行可以感动上天，远人没有不来归顺的。自满招损，谦虚受益，这是自然规律。舜帝先前到历山去耕田的时候，天天向上天号泣，在父母那儿，自己负罪引咎。恭敬行事去见瞽瞍，诚惶诚恐庄敬战栗。瞽瞍也确实和顺了。至诚感通了神明，何况这些苗民呢？”

禹拜谢伯益的嘉言，说：“对啊！”

宣告班师回朝，整顿士众，舜帝大施文德教化，又让人在两阶之间拿着盾牌和羽饰舞具跳着文舞。撤军七十天后，苗民自来归顺了。

以上第三段，记叙大禹征伐苗民的事。

皋陶谟

皋gāo陶yáo，也写作咎繇，是舜帝的大臣，掌管刑法狱讼。

《皋陶谟》是《尚书》明治道的专篇。《尚书大传·略说下》引孔子《书》教“七观说”：“《尧典》可以观美，《禹贡》可以观事，《咎繇》可以观治，《洪范》可以观度，《六誓》可以观义，《五诰》可以观仁，《甫刑》可以观诫。通斯七观，《书》之大义举矣。”皋陶的治道就是“慎身”“知人”“安民”的六字政纲。“慎身”是治道之本，治民必须先正己，为政者必须不断修身律己，不断提高道德修养；“知人”是治道之要，治道必须任人，任人必须知人，“知人则哲，能官人”。“安民”是治道之归，政治的目的就是要安定民心，爱民富民。皋陶的政纲成为儒家一贯的政治主张。《礼记 · 大学》："自天子以至于庶人，壹是皆以修身为本。"《论语 · 学而》："不患人之不己知，患不知人也。"而安民则是儒家政治理想，《左传》主张"务德而安民"，《国语》则称君王当"安民以为乐"。

《皋陶谟》第一次提出为政以德的"九德说"，也是在中国政治思想史上第一次对政治领袖们提出具体的道德要求。"九德"是帝庭知人任人的重要标准，也是个体慎身修德的具体内容，同时也是"安民"所需的基本素质。"九德"是本篇的关键。《孔传》概括《大禹谟》《皋陶谟》篇旨说："大禹谋九功，皋陶谋九德。"九德的每种德性都体现着儒家的中和思想。蔡沈《书集传》说："正言而反应者，所以明其德之不偏。"

《皋陶谟》的"德"成为传统文化一个始创性的重要政治概念。道家讲德，老子就有《德经》。儒家讲德，《论语 · 为政》子曰："为政以德，譬如北辰，居其所而众星共之。"墨子也讲德，特重知人任人德才兼备。"德为才之帅，才为德之资。德器深厚，所就必大；德器浅薄，虽成亦小。"虽然"德"的内涵和外延不尽相同，但"德"始终是一个重要的伦理范畴。现代社会仍然强调为政以德，中国共产党坚持选拔干部的基本原则就是"德才兼备，以德为先"。民谣"有德有才是正品，有德无才是次品，无才无德是废品，有才无德是危险品"，老百姓喜欢的干部也需要有德有才。

《皋陶谟》阐释的治道，第一次论述了德、礼、刑之间的关系。皋陶将五伦（五典）列为首位，礼、服次之，而刑在最后。皋陶虽是法官，但具有显明的儒家道德色彩。《论语·为政》孔子说："道之以政，齐之以刑，民免而无耻；道之以德，齐之以礼，有耻且格。"认为德与礼的力量远胜于刑法。

曰若稽古。皋陶曰："允迪厥德，谟明弼谐[1]。"

禹曰："俞，如何？"

皋陶曰："都！慎厥身，修思永[2]。惇叙九族[3]，庶明励翼，迩可远，在兹。"

禹拜昌言曰[4]："俞！"

皋陶曰："都！在知人[5]，在安民。"

禹曰："吁！咸若时，惟帝其难之。知人则哲，能官人[6]。安民则惠，黎民怀之。能哲而惠，何忧乎驩兜[7]？何迁乎有苗？何畏乎巧言令色孔壬[8]？"

［注释］

1 弼：辅助，这里指辅佐大臣。

2 思：句中语气助词，无义。与上句"厥"互文，无义。修思永，《史记·五帝本纪》引作"修思长"。

3 惇：敦厚。叙：顺从。惇叙，使动用法。

4 昌言：美言。

5 人：指官吏。下句“民”指平民，“人”与“民”对举。

6 官：任用。

7 何：语气副词，加强反诘语气，可译为“怎么”。下文“何迁乎有苗”“何畏乎巧言令色孔壬”，“何”用法同此。

8 孔：很。《尔雅 · 释言》：“孔，甚也。”壬：佞，巧言善媚。《尔雅 · 释诂》：“壬，佞也。”

[译文]

查考往事。皋陶说：“诚实地履行那些德政，就会决策英明，群臣同心协力。”

禹曰：“是啊！怎样履行呢？”

皋陶说：“啊！要谨慎自身的言行举止，自身的修养要坚持不懈。使近亲敦厚顺从，使众贤勉力辅佐，由近及远，在于从这里做起。”

禹听了这番精当的言论，拜谢说：“对呀！”

皋陶说：“啊！还在于理解臣下，安定民心。”

禹说：“唉！都像这样，连尧帝都会认为困难了。理解臣下就显得明智，能够任人。安定民心就受人爱戴，百姓都会拥戴他。能做到明智和受人爱戴，怎么会担心驩兜？怎么会流放三苗？怎么会畏惧巧言令色、善于谄媚的奸佞之人呢？”

以上第一段，皋陶论述修身、知人、安民的德政。

皋陶曰：“都！亦行有九德[1]。亦言，其人有德，乃言曰，载采采[2]。”

禹曰：“何？”

皋陶曰：“宽而栗[3]，柔而立[4]，愿而恭[5]，乱而敬[6]，扰而毅[7]，直而温[8]，简而廉[9]，刚而塞[10]，强而义[11]。彰厥有常吉哉[12]！

“日宣三德，夙夜浚明有家[13]，日严祗敬六德[14]，亮采有邦[15]，翕受敷施[16]。九德咸事，俊乂在官[17]。百僚师师[18]，百工惟时[19]，抚于五辰[20]，庶绩其凝[21]。

［注释］

1 亦：当读为“迹”，检验。下文“亦言”之“亦”，同。详见《尚书易解》。《墨子 · 尚贤中》：“圣人听其言，迹其行。”

2 载：始。《史记》作“始”。一说通“哉”，句首语助词。采：事。采采，动宾结构，从事其事。《史记 · 夏本纪》“载采采”作“始事事”。

3 栗：坚强。《礼记 · 聘义》：“缜密以栗。”郑注：

“坚貌。”《孔疏》：“栗，谓坚刚。”

4 柔：柔顺。立：卓立。

5 愿：谨厚。恭：严恭，严肃恭敬。

6 乱：《尔雅 · 释诂》：“治也。”这里指治理的才能。敬：敬谨，不傲慢。

7 扰：《孔传》：“顺也。”毅：刚毅。

8 直：正直。温：温和。

9 简：《尔雅 · 释诂》：“大也。”这里指志向远大，不拘小节。廉：廉隅。指人性格、行为不苟。

10 刚：刚正。塞：充实。

11 强：坚强。义：王引之释为“善也”。

12 彰：表彰。常：祥。常吉，指九德。

13 浚：恭敬。见《方言》。明：孙星衍说：“明与孟通。”《尔雅 · 释诂》：“孟，勉也。”有家：附音词，家为卿大夫的封地。

14 严：通“俨”，矜持，庄重。祇：《说文 · 示部》：“敬也。”

15 亮：辅助。采：事务。

16 翕：《尚书释义》：“翕，合。翕受，合受九德也。”敷：《史记》引作“普”，“普”即“遍”也。

17 俊乂：马融说：“才德过千人为俊，百人为乂。”

18 师：法。师师，互相效法。

19 惟：思。时：善。

20 五辰：北辰。北辰有五星，因称五辰。北辰居天之中，所以借喻国君。详见《尚书易解》。

21 其：表示肯定语气，可译为“应当”“必定”。凝：成功。

［译文］

皋陶说：“啊！检验一个人的行为有九种美德。检验了言论，如果那个人有德，就告诉他说，可开始处理行政事务了。”

禹问：“什么是九德呢？”

皋陶说：“宽宏大度而又庄敬威严，性格柔顺而又坚持原则，忠厚老实而又严肃庄重，才能出众而又谨慎小心，柔和顺服而又刚毅果断，为人耿直而又待人温和，志向远大而又不拘小节，刚正不阿而又处事务实，强壮勇武而讲求义气。要表彰那些具有九德的好人啊！

“天天表现出三德，早晚勤勉家事的人，天天庄严地重视六德，（早晚）勤勉国事的人，一同接受，普遍任用。具有九德的人都担任官职，那么在职的官员就都是才德出众的人了。百官互相效法，心存善念，顺从君王，那么，各种工作都会办成。

以上第二段，记叙皋陶明言“九德”，进一步论述知人

之道。

“无教逸欲[1]，有邦兢兢业业，一日二日万几[2]。无旷庶官[3]，天工[4]，人其代之[5]。天叙有典[6]，敕我五典五惇哉[7]！天秩有礼[8]，自我五礼有庸哉[9]！同寅协恭和衷哉[10]！天命有德，五服五章哉[11]！天讨有罪，五刑五用哉[12]！政事懋哉懋哉！

“天聪明[13]，自我民聪明。天明畏[14]，自我民明威。达于上下[15]，敬哉有土[16]！”

皋陶曰：“朕言惠可底行[17]？”

禹曰：“俞！乃言底可绩[18]。”

皋陶曰：“予未有知，思曰赞赞襄哉[19]！”

[注释]

1 教：《释名》：“效也。”逸欲：安逸贪欲。

2 一日二日：马融说：“犹日日也。”万几：变化万端。《尚书今古文注疏》：“言有国者毋教以佚游，当戒其危，日日事有万端也。”

3 旷：空，空设。庶官：众官。

4 天工：《汉书·律历志》引作“天功”。谓天命的事。

5 其：表示肯定语气，可译为“必定”。

6 叙：秩序，引申为规定。典：常法。

7 敕：告诫。五典：五种常法，指父义、母慈、兄友、弟恭和子孝。惇：敦厚。

8 秩：秩序，引申为规定。

9 自：用，遵循。五礼：郑玄说："五礼：天子也，诸侯也，卿大夫也，士也，庶民也。"庸：经常。

10 寅：恭敬。协：和谐，协同一致。衷：善。

11 五服：天子、诸侯、卿、大夫、士五等礼服。章：显扬。

12 五刑：指墨、劓、剕、宫、大辟五种刑罚。用：施行。

13 聪：听，指听取意见。明：视，指观察问题。《孟子·万章上》引《泰誓》："天视，自我民视；天听，自我民听。"是其义也。

14 明：表彰。畏：惩治。《书集传》："明者显其善，畏者威其恶。"

15 达：通。上下：上天和下民。哉：句中语气助词，无义。

16 有土：有土地的君王。

17 惠：句中语气助词，无义。底：致。致，用。见《淮南子·修务训》注。

18 绩：成功。

19 思：《尚书覈诂》："思，亦通作'惟'。"曰：句中语助词。赞赞：连言赞赞，模仿重言的语气。襄：辅助。

[译文]

“（治理国家的人）不要贪图安逸和私欲，要兢兢业业，因为情况天天在变化。不要虚设百官，上天命定的工作，人应当代替完成。上天规定了人与人之间的常法，告诫人们要做到父义、母慈、兄友、弟恭、子孝，要使这五种人伦关系敦厚啊！上天规定了人的尊卑等级，推行天子、诸侯、卿大夫、士和庶人这五种礼制，要遵循五礼成为常规啊！君臣之间要同敬、同恭，和善相处啊！上天任命有德的人，要用天子、诸侯、卿、大夫、士五等礼服表彰这五者啊！上天惩罚有罪的人，要用墨、劓、剕、宫、大辟五种刑罚处治五者啊！政务要努力啊！要努力啊！

“上天的视听依从臣民的视听。上天的赏罚依从臣民的赏罚。天意和民意是相通的，要谨慎啊，有国土的君王！”

皋陶问：“我的话可以实行吗？”

禹说：“当然！你的话可以实行并且可以成功。”

皋陶说：“我没有别的考虑，我只是想着努力辅佐君王啊！”

以上第三段，皋陶进一步论述安民之法。

益　稷

益，又称伯益、伯翳，舜时东夷部族首领，舜时掌管山林，相传曾佐禹治水有功。据《史记·秦本纪》，益即秦之先祖大费。稷，也称后稷，舜时担任农官，稷是周之先祖，据《诗经·大雅·生民》与《史记·周本纪》，稷出生后被遗弃，故又名弃。《舜典》篇有载。

本篇主要记载舜与禹的对话，篇名却叫作“益稷”，《孔传》解释说：“二人佐禹有功，因以此二人名篇。”

《皋陶谟》《益稷》是《尧典》的重要补充。《尧典》记叙尧和舜的事，《皋陶谟》《益稷》记敘皋陶和禹的事；《尧典》反映儒家向往的政治制度和社会制度，《皋陶谟》《益稷》则主要反映儒家的伦理道德观点和社会生活。史料互补。上古中国曾经暴发过大洪水，《诗经》《孟子》《庄子》《吕氏春秋》等先秦文献均有记载，《益稷》记载最为具体。研究表明，在距今5000至4000年前，我国气候处于温暖潮湿期，降雨较多，完全具备暴发洪水的可能，文献记载大致可信。中国古代文学中一些重要的文学母题皆有史实基础，诸如，洪水后人类再生神话、始祖创世传说、鲧禹治水故事。2002年，北京保利公司从境外购回一件珍贵的青铜器“豩xiǎn公盨”，铭文开头的话与《禹贡》和《禹贡序》的文字相似。李学勤先生释读“迺执征”与《书序》“任土作贡”的说释读一致，地下考古发现与传世文献得了到互证。一直未得到考古资料证实的禹、禹治水与夏王朝应该是可信的史实，《书序》是否为伪作也应该可以再研究。

《益稷》第一次记叙先民祭祀乐舞的盛况，生动地反映了先民的图腾崇拜和远古绚丽多彩的社会生活。写得声情并茂，文采斐然。《益稷》记叙祭祀乐舞与《诗经·商颂·那》记叙祭祀乐舞相似。《那》中的乐器亦完全同于《益稷》的乐器。《益稷》与《那》祭祀乐舞的功能也相同。《诗经》里的《颂》诗总是用乐舞的形式来表现圣王的“成功”，从而告于神明。《益稷》亦如是。

《益稷》曲折地第一次反映了上古的干支历法。甲骨文中多有干支记日，也有记年记月记时，文献中多用干支历法，也偶见用天干记日或用地支记日。

帝曰："来，禹！汝亦昌言。"

禹拜曰："都！帝，予何言？予思日孜孜[1]。"

皋陶曰："吁！如何？"

禹曰："洪水滔天，浩浩怀山襄陵，下民昏垫[2]。予乘四载[3]，随山刊木[4]，暨益奏庶鲜食[5]。予决九川距四海[6]，浚畎浍距川[7]。暨稷播，奏庶艰食鲜食[8]。懋迁有无[9]，化居[10]。烝民乃粒[11]，万邦作乂[12]。"

皋陶曰："俞！师汝昌言[13]。"

[注释]

1 孜孜：勤敏，努力不懈。成语"孜孜不倦"即出此。

2 昏垫：沉没陷落。郑玄说："昏，没也。垫，陷也。禹言洪水之时，民有没陷之害。"

3 四载：四种运载工具，车船之类。

4 随：顺着。刊：砍斫，用刀斧砍伐树木作为路标。

5 暨：和、同。表示参与同一动作的对象。鲜：新杀的鸟兽。

6 决：疏通。九川：九州之川。距：至，到。用作使动，意思是"使……到""使……流到、流入"。

7 畎quǎn浍kuài：田间的水沟。

8 艰：本作"根"。艰食，马融释为："根生之食，谓百谷。"

9 懋：通“贸”，伏生《大传》作“贸”。贸迁，即贸易。贸迁有无，是说调有余补不足。

10 化居：《史记·夏本纪》作“徙居”，迁移居积的货物。

11 粒：《史记·夏本纪》作“定”。“烝民乃粒”是被动句，“烝民”是受事主语。

12 作：王引之说：“作之言乍，乍者始也。作与乃相对成文。”“万邦作乂”是被动句，“万邦”为受事主语。

13 师：《史记·夏本纪》引作“此”。孙星衍说：“众民乃定，万国始治，故皋陶称之为此真汝之美言也。”

[译文]

舜帝说：“来吧，禹！你也发表高见吧。”

禹拜谢说：“啊！君王，我说什么呢？我只想每天努力工作罢了。”

皋陶说：“啊！究竟怎么样呢？”

禹说：“大水弥漫接天，浩浩荡荡地包围了山顶，漫没了丘陵，民众沉没陷落在洪水里。我乘坐四种交通工具，沿着山路砍削树木作为路标，同伯益一起把新杀的鸟兽肉送给民众。我疏通了九州的河流，使它们流到四海，挖深疏通了田间的大水沟，使它们流进大河。同后稷一起播种粮食，把百谷、鸟兽肉送给民众。让他们调剂余缺，互通有无。于是，民众就安定下来了，各个诸侯国开始得到了治理。”

皋陶说：“好啊！这是你的高见啊。”

禹曰：“都！帝。慎乃在位[1]。”

帝曰：“俞！”

禹曰：“安汝止[2]，惟几惟康。其弼直，惟动丕应[3]。徯志以昭受上帝[4]，天其申命用休。”

帝曰：“吁！臣哉邻哉[5]！邻哉臣哉！”

禹曰：“俞！”

[注释]

1 在位：指在位的大臣。

2 安汝止：《尚书正义》：“谓心之所止。”

3 惟：思。几：危险。康：安康。

4 徯xī：等待。志：德，指有德的人。以：目的连词，无义。昭：通“诏”，指导。

5 邻：四邻。最亲近的大臣。

[译文]

禹说：“啊！舜帝。你要谨慎地对待你的在位的大臣。”

舜帝说：“是啊！”

禹说："要使你的心意安静，考虑天下的安危。用正直的人辅佐，只要你行动，天下就会大力响应。依靠有德的人指导接受上帝的命令，上天就会再三用休美赐予你。"

舜帝说："唉！靠大臣啊四邻啊！靠四邻啊大臣啊！"

禹说："对呀！"

帝曰："臣作朕股肱耳目[1]。予欲左右有民，汝翼。予欲宣力四方[2]，汝为。予欲观古人之象[3]，日、月、星辰、山、龙、华虫[4]，作会[5]；宗彝[6]、藻[7]、火、粉米[8]、黼[9]、黻[10]、絺绣[11]，以五采彰施于五色，作服，汝明。予欲闻六律五声八音[12]，在治忽[13]，以出纳五言[14]，汝听。予违，汝弼。汝无面从，退有后言[15]。钦四邻[16]！庶顽谗说，若不在时[17]，侯以明之[18]，挞以记之[19]，书用识哉[20]，欲并生哉[21]！工以纳言，时而飏之，格则承之庸之[22]，否则威之。"

[注释]

1 股肱：指足和手。指辅弼之臣。

2 宣：用。

3 观：示，显示。象：衣服上的图像。

4 华虫：郑玄说为"五色之虫"，《孔传》说为"雉"。

5 会：马郑本作“绘”。绘，画。

6 宗彝：宗庙彝器。它的上面刻有虎形，因此用它来指虎。

7 藻：水草。

8 粉米：白米。

9 黼fǔ：黑白相间像斧形的花纹。

10 黻fú：黑青相间像两个“已”字相背的花纹。《尔雅·释言》郭注：“黻文如两‘已’相背。”

11 絺chī绣：郑玄：“絺读为黹，黹紩也。”紩，缝的意思。絺绣，缝以为绣。

12 六律：古代有十二乐律，阴六为吕，阳六为律。五声：宫、商、角、徵、羽。八音：八种乐器。指金、石、丝、竹、匏、土、革、木。

13 在：察。忽：《史记·夏本纪》作“滑”。王引之《经义述闻》：“《周语》：‘滑夫二川之神。’《淮南子·精神》篇：‘趣舍滑心。’韦昭、高诱注并曰：‘滑，乱也。’在治滑，谓察治乱也。《乐记》曰：‘治世之音安以乐，其政和；乱世之音怨以怒，其政乖。’”

14 出纳：进退，取舍。五言：东西南北中五方的言论。

15 后言：背后议论。

16 四邻：郑玄说：“左辅、右弼、前疑、后丞。”都是天子身边的亲近大臣。

17 时：是。代词，指股肱耳目。

18 侯：箭靶，这里指用箭射靶。明：勉。古代不贤的人不能参加射侯，所以射侯之礼可以勉励人。

19 挞：扑打。记：孙诒让读为“諅”，《说文·言部》：“諅，诫也。”

20 用：目的连词，与“以”互文。识zhì：记。

21 生：上进。《说文·生部》：“生，进也。”

22 格：正。承：进。庸：用。

[译文]

舜帝说：“大臣做我的股肱耳目。我想帮助百姓，你辅佐我。我想用力治理好四方，你帮助我。我想显示古人衣服上的图像，用日、月、星辰、山、龙、雉六种图形绘在上衣上；用虎、水草、火、白米、黑白相间的斧形花纹、黑青相间“已”字相背的花纹绣在下裳上，用五种颜料明显地做成五种色彩，制成礼服，你要做好。我要听六种乐律、五种声音、八类乐器的演奏，从声音的哀乐考察治乱，取舍各方的意见，你要听清。如果我有过失，你就辅助我。你不要当面顺从，背后又去议论。我会敬重左右辅弼的近臣！至于一些愚蠢而又喜欢谗毁、谄媚的人，如果不能明察做臣的道理，要用射侯之礼明确地教训他们，用鞭打警诫他们，用刑书记录他们的罪过，要让他们想着共同上进！为官要采纳下面的意见，好的就称颂宣扬，正确的就进献上去以便采用，否则就要惩罚他们。”

禹曰：“俞哉！帝。光天之下[1]，至于海隅苍生[2]，万邦黎献[3]，共惟帝臣，惟帝时举[4]。敷纳以言，明庶以功[5]，车服以庸[6]。谁敢不让，敢不敬应[7]？帝不时敷[8]，同，日奏，罔功。

[注释]

1 光：广。熹平石经《尚书》残石有“俞哉帝横天之下至”八字，可知今文《尚书》“光”一作“横”。“光”“横”都可训“广”，说见《尧典》“光被四表”。

2 隅：边隅。苍生：百姓。

3 黎：众。献：贤。

4 时：善。这里为情态副词，善于。

5 庶：章太炎读为“度”，考察。

6 以：目的连词。庸：酬功；酬谢。

7 应：应承。

8 敷：分别。

[译文]

禹说："好啊！舜帝，普天之下，至于海内的民众，各国的众贤，都是您的臣子，您要善于举用他们。依据言论广泛地接纳他们，依据工作明确地考察他们，用车马衣服酬劳他们。这样，谁敢不让贤，谁敢不恭敬地接受您的命令？帝倘若不善加分别，好的坏的混同不分，即使天天进用人，也会劳而无功。

"无若丹朱傲，惟慢游是好，傲虐是作[1]，罔昼夜頟頟[2]。罔水行舟，朋淫于家[3]，用殄厥世。予创若时。娶于涂山[4]，辛壬癸甲[5]。启呱呱而泣[6]，予弗子[7]，惟荒度土功[8]。弼成五服[9]，至于五千。州十有二师[10]，外薄四海，咸建五长[11]，各迪有功[12]。苗顽弗即工，帝其念哉！"

帝曰："迪朕德[13]，时乃功，惟叙[14]。皋陶方祗厥叙，方施象刑，惟明[15]。"

[注释]

1 "傲虐是作"与上句"惟慢游是好"都是宾语前置句，承前句"惟慢游是好"省略"惟"。虐：通"谑"，戏谑。

2 罔：无论。頟頟é：《孔传》："肆恶无休息。"一作"鄂鄂"。熹平石经《尚书》残石有"鄂罔水舟行风淫于家”九字，可证。

3 朋：群。一说“朋”读为“风”，放纵之谓。见《尚书覈诂》。

4 涂山：国名。相传为夏禹娶涂山氏及大会诸侯的地方。

5 辛壬癸甲：从辛日到甲日，共四天。

6 启：禹的儿子。《世本·帝系》：“禹娶涂山氏之子，谓之女娲，是生启。”

7 子：爱。见《礼记·中庸》郑注：“子，犹爱也。”

8 惟：范围副词，表示动作行为范围的唯一性。荒：通“忙”，忙碌。度：谋虑。土功：治理水土的事。

9 弼：《尔雅·释诂》：“重也。”成：定。见《国语·吴语》韦昭注。五服：指甸服、侯服、绥服、要服、荒服。

10 有：同“又”，专用于整数与零数之间。师：二千五百人。十二师是三万人。

11 五长：五国之长。《礼记·王制》：“五国以为属，属有长。”

12 迪：领导。有：词缀。《尚书易解》：“有功，谓工作。”

13 迪：开导、教导。

14 惟：宜。见《吕览》注。叙：顺从。

15 明：《尔雅·释诂》：“明，成也。”“惟明”是被动句，施动者承前“皋陶”省略，受动者亦承前省略，当为“三苗的事”。

［译文］

“不要像丹朱那样傲慢，只喜欢懒惰逸乐，戏谑作乐，不论白天晚上都不停止。洪水已经退了，他还要乘船游玩，又成群地在家里淫乱，因此不能继承尧的帝位。我为他的这些行为感到悲伤。我娶了涂山氏的女儿，结婚四天后就治水去了。后来，启生下来呱呱地啼哭，我顾不上爱护他，只忙于考虑治理水土的事。我重新划定了五种服役地带，一直到五千里远的地方。每一个州征集三万人，从九州到四海边境，每五个诸侯国设立一个长，各诸侯长领导治水工作。只有三苗顽抗，不肯接受工作任务，舜帝您要为这事忧虑啊！”

舜帝说：“宣扬我们的德教，依时布置工役，三苗应该会顺从。皋陶正敬重那些顺从的人，正用刑杀的图像警诫那些不顺从的人，三苗的事应当会办好。”

以上第一段，记录禹、舜和皋陶讨论政事。

夔曰[1]：“戛击鸣球[2]、搏拊[3]、琴、瑟，以咏[4]！”祖考来格[5]，虞宾在位[6]，群后德让[7]。下管鼗鼓[8]，合止柷敔[9]？笙镛以间[10]。鸟兽跄跄[11]，《箫韶》九成[12]，凤皇来仪[13]。

夔曰："於[14]！予击石拊石[15]，百兽率舞，庶尹允谐[16]！"

[注释]

1 夔kuí：舜的乐官。

2 戛jiá：敲击。鸣球：玉磬。

3 搏拊：一种外面用皮革制作、里面装满糠的打击乐器。

4 咏：演唱诗歌。

5 祖考：祖考之神。格：至，降临。

6 虞宾：虞舜的宾客，指前代帝王的后裔来做舜的宾客。

7 群后：众诸侯之君。德：《说文 · 彳部》："升也。"升堂。让：揖让。宾主相见时的一种礼仪。

8 下：堂下。郑玄说："已上皆宗庙堂上之乐所感也。'下管'以下言舜庙堂下之乐，故言下也。"管：管乐。鼗táo鼓：一种小鼓。

9 合止：合乐和止乐。柷zhù：一种打击乐器，乐曲开始时，先击它。敔yǔ：一种打击乐器，乐曲结束时击它。

10 笙：一种管乐器。镛：大钟。

11 跄跄：跳动。指扮演飞禽走兽的舞队跄跄而舞。

12 《箫韶》：舜时的乐曲名。九成：郑玄说："成，犹终也。每曲一终，必变更奏。若乐九变，人鬼可得而礼。”意思是演奏乐曲，每曲一终，要变更九次才结束。

13 凤皇来仪：扮演凤凰的舞队出来跳舞。仪：与“来”义近同。《方言》：“仪佫，来也。”

14 於wū：叹词。表示赞美的语气。

15 石：石磬。拊：轻轻地击。

16 尹：正，官长。允：进，见《尚书易解》。谐：通“偕”，偕同。

[译文]

夔说：“敲起玉磬，打起搏拊，弹起琴瑟，唱起歌来吧！”先祖、先父的灵魂降临了，我们舜帝的宾客就位了，各个诸侯国君登上了庙堂互相揖让。庙堂下吹起管乐，打着小鼓，合乐敲着柷，止乐敲着敔，笙和大钟交替演奏。扮演飞禽走兽的舞队踏着节奏跳舞，《箫韶》之乐变更演奏了九次以后，扮演凤凰的舞队出来表演了。

夔说：“唉！我轻敲重击着石磬，扮演百兽的舞队都跳起舞来，各位官长也和着乐曲一同跳起来吧！”

以上第二段，记叙庙堂乐舞的盛况。

帝庸作歌[1]。曰：“敕天之命[2]，惟时惟几[3]。”乃歌曰：“股肱喜哉！元首起哉[4]！百工熙哉！”

皋陶拜手稽首飏言曰[5]："念哉！率作兴事，慎乃宪，钦哉！屡省乃成[6]，钦哉！"乃赓载歌曰[7]："元首明哉！股肱良哉！庶事康哉！"又歌曰："元首丛脞哉[8]！股肱惰哉！万事堕哉！"

帝拜曰："俞，往钦哉！"

［注释］

1 庸：因，因此。指这次盛会。

2 敕：《尔雅 · 释诂》："劳也。"

3 几：将近，接近。见《尚书易解》。

4 起：兴起，奋发。

5 拜手：古代的一种跪拜礼。双膝下跪，两手拱合齐心，俯首到手。稽首：古代的最敬跪拜礼。双膝下跪，叩头到地。飏：《史记 · 夏本纪》作"扬"，继续。

6 省xǐng：省察。

7 赓：《尚书今古文注疏》："赓者，《释诂》云：'续也。'《说文》以为'续'古文。"

8 丛脞cuǒ：细碎，烦琐。

［译文］

舜帝因此作歌。说："勤劳天命，这样子就差不多了。"于是唱道："大臣欢悦啊，君王奋发啊，百事兴盛啊！”

皋陶跪拜叩头继续说：“要念念不忘啊！统率起兴办的事业，慎守你的法度，要认真啊！经常考察你的成就，要认真啊！”于是继续作歌说：“君王英明啊！大臣贤良啊！诸事安康啊！”又继续作歌说：“君王治事琐碎没有雄才大略啊！大臣懈怠啊！诸事荒废啊！”

舜帝拜谢说：“对啊！我们从此后去认真干吧！”

以上第三段，记叙君臣作歌唱和，互相勉励。

禹贡

贡，功也。禹贡，就是禹的功绩。

《禹贡》第一次出现“九州”，虽然是一种假设的上古行政区域划分，其范围大致相当于今天东至黄海东海，西至青海，北至内蒙古，南至两广，包括山东、江苏、浙江、江西、安徽、湖南、湖北、河北、河南、山西、陕西、宁夏、甘肃、四川和贵州部分或全部地区。现“九州”泛指普天下、全中国。

《禹贡》或成篇于战国后期。九州虽为假设，但作者却用征实的态度记载了当时的地貌特征、土地赋税、风土人情，介绍了当时水土治理情况和交通运输情况，是地理学征实派的奠基作。在两千多年前巫风盛行、交通不便的时代环境里，真实系统地记叙了中国古代各地的地理面貌，内容涵盖自然地理学、经济地理学、政治地理学、历史地理学、区域地理学等地理学重要分支，是我国最早最有价值的地理著述，受到历代学者的重视。《汉书·地理志》和《水经注》等地理学专著都将《禹贡》作为研究的主要依据。

《禹贡》是我国最古老的地理志，是研究我国上古时期地理环境的主要文献。从《禹贡》对古代地理环境全面、详细的记叙中，可以获得很多有关地理方面的资讯，对研究古今河湖的变迁、气候的演变、人口的分布、社会发展阶段的划分、经济中心的转移以及整个地理环境的变化等方面，都具有十分重要的意义。

《禹贡》详细记载了古代贡赋制度、九州的划分、山川的方位和脉络、物产的分布、土壤性质等，内容十分丰富，材料组织严密，首尾呼应，条理清晰，文字表达不蔓不枝，是古代记叙文的典范作品。

汉代以來，研究《禹贡》的学者日益增多，著述日丰，《禹贡》成为专学，并且形成汉学、宋学等不同学术派别和研究风格。历代《禹贡》学著作中，以清朝学者胡渭的《禹贡锥指》最为完善闳博。

禹敷土[1]，随山刊木[2]，奠高山大川[3]。

冀州[4]：既载壶口[5]，治梁及岐[6]。既修太原[7]，至于岳阳[8]。覃怀厎绩[9]，至于衡漳[10]。厥土惟白壤[11]，厥赋惟上

上[12]，错[13]，厥田惟中中。恒、卫既从[14]，大陆既作[15]。岛夷皮服[16]，夹右碣石入于河[17]。

[注释]

1 敷：分，马融说。

2 刊：砍伐。《史记·夏本纪》引《禹贡》作“行山表木”。

3 奠：定。以山川定界域。

4 冀州：《尔雅·释地》：“两河间曰冀州。”相当于今山西、河北二省全境、河南黄河以北和山东西北部、辽宁西南部一带。尧时的政治中心。

5 载：事，施工。壶口：山名，在今山西省吉县南。王鸣盛说：“壶口山上连孟门，下控龙门，当路束流，为河之扼要处，故禹首辟之。”

6 梁：山名，在今陕西韩城市西。岐：通“歧”，山的支脉。日本人所写《史记》残卷作“歧”。

7 太原：今山西太原一带。

8 岳阳：《水经·汾水注》：“《禹贡》所谓岳阳也，即霍太山。”霍太山即太岳山，在今山西霍州市东，汾水所经之地。阳，山的南面。

9 覃怀：地名，在今河南武陟、沁阳一带。厎：致，获得。绩：功绩。

10 衡：通“横”。《孔传》：“漳水横流入河。”所以说横漳。漳水在覃怀之北。

11 壤：柔土。颜师古说。

12 上上：《禹贡》把九州的赋税和土质均分为上、中、下三个大的等级，每个大的等级内部又分为上、中、下三个小等级，一共九个小等级。上上是第一等。

13 错：错杂，夹杂。

14 恒：滱水。即今唐河。卫：滹沱河。从：顺着河道。

15 大陆：泽名，在今河北巨鹿县西北。作：治理。“大陆既作”是被动句，“大陆”为受事主语。下文此类被动句较多，诸如：“九河既道”“淮、沂其乂”“云土、梦作乂”，不一一作注。

16 岛夷：住在海上的东方民族。一说“岛夷”当作“鸟夷”，与下文“淮夷”都是以鸟为图腾的民族。《史记》《汉书》《说苑》《大戴礼记》均作“鸟夷”。熹平石经《尚书》残石有“黑恒卫既从大陆既作鸟夷皮”，也作“鸟夷”。

17 夹：近，接近。碣石：山名，在今河北抚宁、昌黎二县。

［译文］

禹划分土地的疆界，顺着山势，砍削树木作为路标，以高山大河奠定界域。

冀州：从壶口开始施工以后，接着就治理梁山和它的支脉。太原治理好了以后，又治理到太岳山的南面。覃怀一带的治理取得了成效，又治理到横流入河的漳水。那里的土是白壤，那里的赋税是第一等，也夹杂着第二等，那里的田地是第五等。恒水、卫水已经顺着河道流淌，大陆泽也已得到治理。海岛上的夷人用皮服来进贡，先接近右边的碣石山，再进入黄河。

济[1]、河惟兖州：九河既道[2]，雷夏既泽[3]，灉、沮会同[4]。桑土既蚕[5]，是降丘宅土[6]。厥土黑坟[7]，厥草惟繇[8]，厥木惟条[9]。厥田惟中下，厥赋贞[10]，作十有三载乃同。厥贡漆丝，厥篚织文[11]。浮于济、漯[12]，达于河。

［注释］

1 济：水名。源出河南济源，汉代在今河南武陟流入黄河，又向南溢出，流向山东，与黄河平行入海。兖州：古九州之一，今河北、山东境。

2 九河：黄河流到兖州，分为九条河。郑玄说：“九河之名：徒骇、太史、马颊、覆釜、胡苏、简、洁、钩盘、鬲津。”道：通“导”，疏导。

3 雷夏：泽名，在今山东菏泽东北。

4 灉yōng：黄河的支流，已湮灭。沮：灉河的支流，也湮灭了。会同：汇合流入雷夏泽。

5 桑土：郑玄说："其地尤宜蚕桑，因以名之。"蚕：养蚕。

6 是降丘宅土：是，于是。《史记·夏本纪》引作"于是民得下丘居土"。

7 坟：马融说："有膏肥也。"

8 繇yáo：茂盛。

9 条：长。

10 贞：《孔疏》："贞即下下，为第九也。"金履祥《尚书表注》："'贞'字本'下下'字。古篆凡重字者，或于上字下添'='。兖州赋下下，篆从下'='，或误作'正'，通为'贞'。"

11 篚：竹器。《孔传》："织文，锦绮之属，盛之筐篚而贡焉。"

12 漯tà：水名，黄河的支流。自今河南浚县西南分黄河东北流，至今山东朝城又向东北流，至高青县入海。

[译文]

济水与黄河之间是兖州：黄河下游的九条支流疏通了，雷夏也已经成了湖泽，灉水和沮水汇合流进了雷夏泽。栽种桑树的地方都已经养蚕，于是人们从山丘上搬下来住在平地上。那里的土质又黑又肥，百草茂盛，树木修长。那里的田地是第六等，赋税是第九等，耕作了十三年才与其他八个州相同。那里的贡物是漆和丝，还有那竹筐装着的彩绸。进贡的船只行于济水、漯水到达黄河。

海、岱惟青州[1]：嵎夷既略[2]，潍、淄其道[3]。厥土白坟，海滨广斥[4]。厥田惟上下，厥赋中上。厥贡盐、絺[5]，海物惟错[6]。岱畎丝、枲、铅、松、怪石[7]。莱夷作牧[8]。厥篚檿丝[9]。浮于汶[10]，达于济。

[注释]

1 海：今渤海。岱：泰山。青州：古九州之一，今山东半岛。

2 略：治。

3 潍、淄：二水名，在今山东。道：通“导”，疏通。

4 斥：郑玄说：“斥谓地碱卤。”

5 絺：细葛布。

6 错：《孔传》说：“杂，非一种。”

7 畎：山谷。枲xǐ：牡麻，不结子的大麻。铅：实为锡。

8 莱夷：《孔传》：“地名，可以放牧。”胡渭说：“今莱州、登州二府皆《禹贡》莱夷之地。”《经义述闻》："言莱夷水退始放牧也。"

9 檿yǎn：山桑，柞树。

10 汶：水名，即今山东大汶河。

[译文]

渤海和泰山之间是青州：嵎夷已经得到治理，潍水和淄水也已经疏通了。那里的土又白又肥，海边有广阔的盐碱地。那里的田是第三等，赋税是第四等。那里进贡的物品是盐和细葛布，海产品多种多样。还有泰山山谷里的丝、大麻、锡、松和奇特的石头。莱夷一带可以开始放牧了。进贡的物品是那筐装的柞蚕丝。进贡的船只行于汶水到达济水。

海、岱及淮惟徐州[1]：淮、沂其乂[2]，蒙、羽其艺[3]，大野既猪[4]，东原底平[5]。厥土赤埴坟[6]，草木渐包[7]。厥田惟上中，厥赋中中。厥贡惟土五色[8]，羽畎夏翟[9]，峄阳孤桐[10]，泗滨浮磬[11]，淮夷蠙珠暨鱼[12]。厥篚玄纤缟[13]。浮于淮、泗，达于河[14]。

[注释]

1 海：指黄海。淮：淮河。徐州：今江苏、安徽北部，山东南部。

2 沂：沂水，在山东。

3 蒙：山名，在山东蒙阴县西南。羽：羽山，在今江苏连云港市赣榆西南。艺：种植。

4 大野：巨野泽，在山东巨野县。猪：通“潴”，水停聚的地方。

5 东原：今山东东平县地，在汶水济水之间。底：致，得到。平：治理。

6 埴：《孔传》：“土粘曰埴。”

7 渐包：滋长而丛生。又写作“渐苞”。孙炎说：“物丛生曰苞。”

8 土五色：五色土，《孔传》：“王者封五色土为社，建诸侯则各割其方色土与之。”

9 羽：羽山。畎：山谷。夏：大。翟dí：山雉，羽毛可作装饰品。

10 峄：峄山，在江苏邳县境。一名邹山，在今山东邹县东南。阳：山的南面。孤桐：特生的桐木。

11 泗：水名，源出今山东泗水县，下流入淮河。浮磬：一种可以做磬的石头。《孔疏》：“石在水旁，水中见石，似若水中浮然，此石可以为磬，故谓之浮磬也。”

12 蠙bīn珠：蠙蚌所产之珠。

13 玄：赤黑色。纤：细缯，绸。缟：白缯，绢。

14 达于河：金履祥说：“达于河，古文《尚书》作‘达于菏’。《说文》引《书》亦作‘菏’。今俗本误作

‘河’耳。菏泽水与济水相通。”

［译文］

黄海、泰山及淮河之间是徐州：淮河、沂水已经得到治理，蒙山、羽山一带已经可以种植了，大野泽已经集聚着深水，东原也获得治理。那里的土壤是红色的，又黏又肥，草木不断滋长丛生。那里的田是第二等，赋税是第五等。那里的贡品是五色土，羽山山谷的大山鸡，峄山南面的特产桐木，泗水边上的可以做磬的石头，淮夷之地的蚌珠和鱼。还有那筐子装着的黑色的绸和白色的绢。进贡的船只行于淮河、泗水，到达与济水相通的菏泽。

淮、海惟扬州：彭蠡既猪[1]，阳鸟攸居[2]。三江既入[3]，震泽厎定[4]。筱簜既敷[5]，厥草惟夭[6]，厥木惟乔。厥土惟涂泥[7]。厥田惟下下，厥赋下上，上错。厥贡惟金三品[8]，瑶、琨、筱、簜、齿、革、羽、毛惟木[9]。岛夷卉服[10]。厥篚织贝[11]，厥包橘柚，锡贡[12]。沿于江、海，达于淮、泗。

［注释］

1 彭蠡：旧说即今鄱阳湖。谭其骧、张修桂认为古彭蠡泽与今鄱阳湖有承续关系，但不等同，其位置“无疑在大江之北，其具体范围当包有今宿松、望江间的长江河段及其以北的龙感湖、大官湖和泊湖等湖沼地区”。

2 阳鸟：曾运乾说：“‘鸟’当读为‘岛’，《说文》所谓‘海中往往有山，可依止，曰岛’是也。本经皆假鸟为之。‘岛夷皮服’‘岛夷卉服’，古今文本皆作‘鸟’。……阳岛，即扬州附近海岸各岛。大者则台湾、海南是也。云阳岛者，南方阳位也。”

3 三江：岷江、汉水与彭蠡。郑玄说：“三江，左合汉为北江，会彭蠡为南江，岷江居其中则为中江。”入：入海。

4 震泽：江苏太湖。

5 筱xiǎo：小竹。簜dàng：大竹。

6 夭：茂盛。

7 涂泥：潮湿的泥土。

8 品：物量词，种，类。金三品：王肃说：“金、银、铜也。”

9 瑶：美玉。琨：美石。齿：象牙。革：犀皮。羽：鸟羽。毛：旄牛尾。惟：与，和。《经传释词》：“惟，犹‘与’也，及也。”黄侃笺识：“‘与’之借。”

10 岛夷：沿海各岛的人。卉服：草服，蓑衣草笠之属。

11 织贝：贝锦。

12 锡贡：进献。黄式三曰："锡亦贡也。"

[译文]

淮河与黄海之间是扬州：彭蠡泽已经汇集了深水，南方各岛可以安居。三条江水已经流入大海，震泽也获得了安定。小竹和大竹已经遍布各地，那里的草很茂盛，那里的树很高大。那里的土是潮湿的泥。那里的田地是第九等，那里的赋税是第七等，杂出第六等。那里的贡品是金、银、铜、美玉、美石、小竹、大竹、象牙、犀皮、鸟的羽毛、旄牛尾和木材。东南沿海各岛的人穿着草编的衣服。这一带把贝锦装在那筐子里，把橘柚包裹起来作为贡品。进贡的船只沿着长江、黄海到达淮河、泗水。

荆及衡阳惟荆州[1]：江、汉朝宗于海[2]，九江孔殷[3]。沱、潜既道[4]，云土梦作乂[5]。厥土惟涂泥，厥田惟下中，厥赋上下。厥贡羽、毛、齿、革惟金三品，杶、榦、栝、柏[6]，砺、砥、砮、丹惟箘簵、楛[7]。三邦底贡厥名[8]，包匭菁茅[9]，厥篚玄纁玑组[10]，九江纳锡大龟[11]。浮于江、沱、潜、汉，逾于洛[12]，至于南河[13]。

[注释]

1 荆：山名，在今湖北南漳县。此山或以为即今沮、漳水发源处荆山。衡：山名，在今湖南衡山县。

2 朝宗：诸侯朝见天子，春天朝见叫朝，夏天朝见叫宗。这里比喻长江汉水归向大海。

3 九江：在今湖北广济县、黄梅县一带，或分自长江，或源出山溪。孔：大。殷：定。

4 沱：沱水，长江的支流，在今湖北枝江县市。潜：潜水，汉水的支流，在今湖北潜江市。道：通。

5 云土梦：即云梦，二泽名。在今湖北汉江以北应城、天门县一带。杜预《左传》注：“江南为云，江北为梦。”

6 毛：通“旄”，旄牛尾。杶chūn：椿树。榦（干）：柘木，可做弓。栝guā：桧树。

7 砺：粗磨刀石。砥：细磨刀石。砮：石制的箭镞。丹：丹砂。箘簵：《孔传》：“美竹。”楛：木名，可作箭杆。

8 三邦：《孔传》：“近泽三国。”名：名产。

9 匭guǐ：杨梅。《异物志》：“杨梅，一名杌。”菁茅：《管子·轻重篇》：“江淮之间一茅而三脊，母至其本，名之曰菁茅。”

10 纁xūn：黄赤色。玄纁，指彩色丝绸。玑：不圆的珠。组：丝带。玑组，珍珠串。

11 纳：入。锡：赐，贡献。

12 逾：越。舍舟陆行叫逾。

13 南河：今河南巩义市一带的河。

［译文］

荆山与衡山的南面是荆州：长江、汉水像诸侯朝见天子一样奔向海洋，洞庭湖的水系已经完全形成。沱水、潜水已经疏通，云梦泽一带可以耕作了。那里的土是潮湿的泥，那里的田地土质是第八等，那里的赋税是第三等。那里的贡物是羽毛、旄牛尾、象牙、犀皮和金、银、铜，还有椿树、柘树、桧树、柏树，粗磨石、细磨石、造箭镞的石头、丹砂和美竹、楛木。三个诸侯国进贡他们的名产，包裹好了的杨梅、菁茅，装在筐子里的彩色丝绸和一串串的珍珠。九江进贡大龟。这些贡品经长江、沱水、潜水、汉水，到达汉水上游，改走陆路到洛水，再到南河。

荆、河惟豫州[1]：伊、洛、瀍、涧既入于河[2]，荥波既猪[3]。导菏泽[4]，被孟猪[5]。厥土惟壤，下土坟垆[6]。厥田惟中上，厥赋错上中。厥贡漆、枲、絺、纻[7]，厥篚纤、纩[8]，锡贡磬错[9]。浮于洛，达于河。

［注释］

1 荆：荆山，在今湖北南漳县西北；一说在今陕西大荔县朝邑镇南；一说在今河南灵宝阌乡。

2 伊：水名，今河南洛水支流伊水。洛：水名，今陕西洛河。瀍chán：水名，源出今河南孟津县。涧：水名，源出今河南渑池县。上游即今洛阳市西洛水支流涧河的一段。

3 荥波：即荥播，泽名，在今河南郑州西北古荥镇北。

4 导：通“道”，疏通。菏泽：在今山东菏泽市。

5 被：通“陂”，修筑堤防。孟猪：泽名，在今河南商丘市东北。

6 垆：黑刚土。

7 枲：牡麻。絺：细葛布。纻：苎麻。

8 纩：细绵。

9 磬错：治玉磬的石头。

[译文]

荆山、黄河之间是豫州：伊水、瀍水和涧水都已流入洛水，又流入黄河，荥波泽已经停聚了大量的积水。疏通了菏泽，并在孟猪泽筑起了堤防。那里的土是柔软的壤土，低地的土是肥沃的黑色硬土。那里的田是第四等，那里的赋税是第二等，杂出第一等。那里的贡物是漆、麻、细葛、苎麻，那筐装的绸和细绵，又进贡治玉磬的石头。进贡的船只行于洛水到达黄河。

华阳、黑水惟梁州[1]：岷、嶓既艺[2]，沱、潜既道。蔡、蒙旅平[3]，和夷厎绩[4]。厥土青黎[5]，厥田惟下上，厥赋下中、三错[6]。厥贡璆、铁、银、镂、砮、磬、熊、罴、狐、狸[7]。织皮、西倾因桓是来[8]。浮于潜，逾于沔[9]，入于渭，乱于河[10]。

［注释］

1 华：华山。黑水：陈澧认为是怒江。

2 岷：岷山，在四川北部。嶓：嶓冢山，在陕西宁强县西北。艺：治。

3 蔡：峨嵋山，见《禹贡锥指》。蒙：山名，在今四川雅安北。旅：治。平：《大禹谟》“地平天成”之《孔传》：“水土治曰平。”

4 和：水名，胡渭认为是涐水，即今大渡河。

5 青：黑。黎：疏散。段玉裁说：“黎之言离也。”

6 三错：《孔传》：“杂出第七第九三等。”

7 璆qiú：通“球”，美玉。镂：刚铁。

8 织皮：西戎之国。西倾：山名，在甘肃、青海交界处。桓：桓水，即白水，今名白龙江。因：介词，介引动作行为经由的处所。

9 沔：汉水的上游。

10 乱：横渡。

[译文]

华山南部到怒江之间是梁州：岷山、嶓冢山已经得到治理，沱水、潜水也已经疏通了。峨嵋山、蒙山水土得到治理，和夷一带也取得了治理的功效。那里的土是疏松的黑土，那里的田地土质是第七等，那里的赋税是第八等，还杂出第七等和第九等。那里的贡物是美玉、铁、银、刚铁、作箭镞的石头、磬、熊、马熊、狐狸、野猫。织皮和西倾山的贡物沿着桓水而来。进贡的船只行于潜水，然后离船上岸陆行，再进入沔水，进入渭水，最后横渡渭水到达黄河。

黑水、西河惟雍州[1]：弱水既西[2]，泾属渭汭[3]，漆沮既从[4]，沣水攸同[5]。荆、岐既旅，终南、惇物，至于鸟鼠[6]。原隰厎绩[7]，至于猪野[8]。三危既宅[9]，三苗丕叙。厥土惟黄壤，厥田惟上上，厥赋中下。厥贡惟球、琳、琅玕[10]。浮于积石[11]，至于龙门[12]、西河，会于渭汭。织皮昆仑、析支、渠搜[13]，西戎即叙[14]。

[注释]

1 西河：冀州西边的黄河，指今山西、陕西二省之间黄河河段。

2 弱水：上游为今甘肃山丹河，下游即山丹河与甘州河合流后的黑河。

3 泾：泾河，源出甘肃平凉市西，东南流至陕西高陵入渭水。渭：渭河，源出甘肃渭源县，东流至陕西华阴入黄河。泾水流入渭水处叫渭汭。属：注入。

4 漆沮：今陕西铜川市、耀县、富平县境石川河。

5 沣fēng水：沣河，今陕西西安市渭水支流。同：汇合。

6 终南：又名秦山、南山，今称秦岭。惇物：太白山。鸟鼠：一名青雀山，在今甘肃渭源县西南。

7 原隰：指邠地，今陕西彬县和旬邑县。

8 猪野：泽名，今甘肃民勤县东北。

9 三危：山名。郑玄："三危山，在鸟鼠之西，南当岷山。"

10 球：美玉。琳：美石。琅玕：似珠之玉。

11 积石：今青海东南部积石山。

12 龙门：山名，今山西河津市西北黄河两岸。

13 析支：山名，今青海西宁西南。文献中也写作"赐支""鲜支"。渠搜：山名。

14 西戎：古代我国西北部民族的总称。即：就。

[译文]

黑水到西河之间是雍州：弱水疏通已向西流，泾河流入渭河之湾，漆沮之水已经汇合洛水流入黄河，沣水也向北流同渭河汇合。荆山、岐山治理以后，终南山、惇物山一直到鸟鼠山都得到了治理。原隰的治理取得了成绩，至于猪野泽也得到了治理。三危山已经可以居住，三苗就安定了。那里的土是黄色的，那里的田地土质是第一等，那里的赋税是第六等。那里的贡物是美玉、美石和珠宝。进贡的船只从积石山附近的黄河，航行到龙门、西河，与从渭河逆流而上的船只会合在渭河以北。织皮的民众定居在昆仑、析支、渠搜三座山下，西戎各族就安定顺从了。

以上第一段，记叙大禹治理九州的功绩。

导岍及岐，至于荆山，逾于河[1]。壶口、雷首至于太岳[2]。厎柱、析城至于王屋[3]。太行、恒山至于碣石[4]，入于海。

西倾、朱圉、鸟鼠至于太华[5]。熊耳、外方、桐柏至于陪尾[6]。

导嶓冢至于荆山[7]。内方至于大别[8]。岷山之阳至于衡山[9]，过九江至于敷浅原[10]。

[注释]

1 导：通“道”，开通道路。岍：山名，即吴山，在今陕西陇县。岐：岐山，在今陕西岐山县。荆：荆山，在今陕西富平县。九导《禹贡》仅言其二，余凡省略七“导”。

《孔疏》："'岍'与'嶓冢'言'导'，'西倾'不言'导'者，史文有详略，以可知，故省文也。"

2 壶口：山名，在今山西吉县。雷首：山名，在今山西永济市。太岳：霍太山。

3 底柱：即三门山，原在今河南三门峡市陕州区东北黄河中，二十世纪五十年代整治黄河时炸毁。析城：一名析津山，在今山西阳城县。王屋：山名，在今山西阳城县与河南济源县之间。

4 太行：山名，在今山西、河北两省间。恒山：在今河北曲阳县，古称北岳。碣石：山名，在今河北昌黎、抚宁二县交界处。

5 朱圉：山名，在今甘肃甘谷县西南。太华：即华山。

6 熊耳：山名，在今河南卢氏县南。外方：即嵩山，古称中岳。桐柏：山名，在今河南桐柏县。陪尾：山名，在今湖北安陆市北。

7 嶓冢：山名，在今陕西宁强县西北。

8 内方：山名，在今湖北钟祥市西南章山。大别：即大别山。

9 岷山：一作汶山，在今四川松潘县北，岷江发源地。衡山：在今湖南衡山县，古称南岳。

10 敷浅原：《禹贡锥指》认为即今庐山以南平原；近人注释《禹贡》，认为即今安徽大别山脉尾间的平原。

[译文]

开通了岍山和岐山的道路，到达荆山，越过黄河。又开通壶口山、雷首山，到达太岳山。又开通厎柱山、析城山，到达王屋山。又开通太行山、恒山，到达碣石山，从这里进入渤海。

开通西倾山、朱圉山、鸟鼠山，到达太华山。又开通熊耳山、外方山、桐柏山，到达陪尾山。

开通嶓冢山到达荆山。开通内方山到达大别山。开通岷山的南面到达衡山，过洞庭湖到达庐山。

以上第二段，记叙大禹治山的功绩。

导弱水至于合黎[1]，余波入于流沙[2]。

导黑水至于三危，入于南海。

导河，积石，至于龙门；南至于华阴[3]；东至于厎柱；又东至于孟津[4]；东过洛汭，至于大伾[5]；北过降水[6]，至于大陆；又北，播为九河[7]，同为逆河[8]，入于海。

嶓冢导漾[9]，东流为汉；又东，为沧浪之水[10]；过三澨[11]，至于大别，南入于江。东，汇泽为彭蠡；东，为北江[12]，入于海。

[注释]

1 导：疏导。合黎：山名，在今甘肃山丹、张掖、高台、酒泉之北。

2 余波：指下游。流沙：指居延泽一带的沙漠，在今内蒙古额济纳旗。

3 华阴：华山的北面。

4 孟津：一名盟津，今河南孟津县。

5 大伾：山名，在今河南浚县东南。

6 降水：指漳、洚合流的漳水，在今河北曲周、肥乡间进入黄河。

7 播：分布。九河：指兖州之九河。

8 同：合。同为逆河，下游又合而名为逆河。

9 漾：汉水上游。

10 沧浪：即汉水。

11 三澨shì：郑玄说："水名，在江夏竟陵界。"竟陵，今之湖北钟祥县。

12 北江：即汉水。

[译文]

疏通弱水到合黎山，下游流到沙漠。

疏通黑水到三危山，流入南海。

疏导黄河，从积石山开始，到达龙门山；再向南到达华山的北面；再向东到达底柱山；又向东到达孟津；又向东经过洛水与黄河汇合的地方，到达大伾山；然后向北经过降水，到达大陆泽；又向北，分成九条支流，再汇合成一条逆河，流进大海。

从嶓冢山开始疏导漾水，向东流成为汉水；又向东流，成为沧浪水；经过三澨水，到达大别山，向南流进长江。向东，汇成的湖泽叫彭蠡泽；向东，称为北江，流进大海。

岷山导江，东别为沱[1]；又东至于澧；过九江，至于东陵[2]；东迤北[3]，会于汇[4]；东为中江[5]，入于海。

导沇水[6]，东流为济，入于河，溢为荥[7]；东出于陶丘北[8]，又东至于菏；又东北，会于汶；又北东，入于海。

导淮自桐柏，东会于泗、沂[9]，东入于海。

导渭自鸟鼠同穴[10]，东会于沣，又东会于泾；又东过漆沮，入于河。

导洛自熊耳，东北，会于涧、瀍；又东，会于伊；又东北，入于河。

[注释]

1 沱：长江的支流。

2 东陵：旧注认为是汉代卢江郡金兰县西北的东陵乡。

《书集传》谓在今岳阳。

3 迆yǐ：通“迤”。《说文 · 辵部》：“迆，衺行也。”

4 汇：曾运乾说：“‘汇’为‘淮’之假借字，两大水相合曰会。江、淮势均力敌，故云会。古江、淮本通。”

5 中江：指岷江。

6 沇yǎn：水名。济水的上游。

7 溢：水动荡奔突而出。荥：荥泽，汉代已成平地。

8 陶丘：在今山东菏泽市定陶区。

9 东会于泗、沂：沂水流入泗水，泗水流入淮河。淮河在今江苏阜宁县东入海。

10 鸟鼠同穴：山名，即鸟鼠山。

［译文］

从岷山开始疏导长江，向东另外分出一条支流称为沱江；又向东到达澧水；经过洞庭湖，到达东陵；再向东斜行向北，与淮河汇合；向东称为中江，流进大海。

疏导沇水，向东流就称为济水，流入黄河，河水溢出成为荥泽；又从定陶的北面向东流，再向东到达菏泽；又向东北，与汶水汇合；再向北，转向东，流进大海。

从桐柏山开始疏导淮河，向东与泗水、沂水汇合，向东流进大海。

从鸟鼠同穴山开始疏导渭水，向东与沣水汇合，又向东与泾水汇合；又向东经过漆水、沮水，流入黄河。

从熊耳山开始疏导洛水，向东北，与涧水、瀍水汇合；又向东，与伊水汇合；又向东北，流入黄河。

以上第三段，记叙大禹治水的功绩。

九州攸同：四隩既宅[1]，九山刊旅[2]，九川涤源[3]，九泽既陂[4]，四海会同[5]。

六府孔修[6]，庶土交正[7]，厎慎财赋[8]，咸则三壤成赋[9]。中邦锡土[10]、姓，祗台德先[11]，不距朕行[12]。

［注释］

1 隩ào：可以定居的地方。四隩：《国语·周语》："宅居九隩。"注云："隩，内也。九州之内，皆可宅居也。"可知，"四隩"即"九隩"。《禹贡》"四隩"和"四海""四方""四夷"等的"四"，与名词组合皆表虚数。宅：居住。

2 九山：上文所举的九条山脉。刊：削除。旅：道。

3 九川：上文所举的九条河流。涤源：疏通水源。

4 九泽：上文所举的九个湖泽。陂：修筑堤防。

5 四海：《尔雅·释地》："九夷八狄七戎六蛮，谓之四海。"会同：会同京师，指进贡的道路畅通了。

6 六府：水火金木土谷。孔：很。修：治理。

7 交：《孔传》：“俱也。”正：征。

8 底：定，规定。

9 则：准则。三壤：上、中、下三等土壤。成：定。

10 中邦：中央之国，指天子之邦。锡：赐。《尚书易解》：“中邦锡土姓，谓封建大小诸侯。”

11 祗：敬。台yí：以。于省吾说。

12 不距朕行：郑玄：“不距违我天子政教所行。”

[译文]

九州由此统一了：四方的土地都已经可以居住了，九条山脉都伐木修路可以通行了，九条河流都疏通了水源，九个湖泽都修筑了堤防，四海之内进贡的道路都畅通无阻了。水火金木土谷六府都治理得很好，各处的土地都要征税，并且规定慎重征收财物赋税，都要根据土地的上中下三个等级来确定。中央之国赏赐土地和姓氏给诸侯，（其）敬重以德行为先，又不违抗天子教行。

五百里甸服[1]。百里赋纳总[2]，二百里纳铚[3]，三百里纳秸服[4]，四百里粟，五百里米。

五百里侯服[5]。百里采[6]，二百里男邦[7]，三百里诸侯[8]。

五百里绥服[9]。三百里揆文教[10]，二百里奋武卫。

五百里要服[11]。三百里夷[12]，二百里蔡[13]。

五百里荒服[14]。三百里蛮[15]，二百里流[16]。

［注释］

1 甸服：古代在天子领地外围，每五百里设一服役地带，按远近分为甸服、侯服、绥服、要服、荒服。胡渭说：“五千里内皆供王事，故通谓之服，而甸服则主为天子治田出谷者也。”

2 纳：交纳。总：指禾的总体。

3 铚zhì：《孔疏》：“铚谓禾穗也。”

4 秸服：带稃的谷。陈奂说。

5 侯服：江声：“侯之言候，候顺逆，兼司候王命。”指服事天子。

6 采：事，指替天子服差役。

7 男邦：《史记·夏本纪》引作“任国”。担任国家的差事。

8 诸侯：《孔传》：“同为王者斥候。”《孔疏》：“斥候，谓检行险阻，伺候盗贼。”

9 绥服：《孔传》：“安服王者之政教。”指替天子做安抚的事。

10 揆文教：《孔传》：“揆，度也。度王者文教而行之。”

11 要：约。要服，接受王者约束而服事之。

12 夷：平，谓相约和平共处。

13 蔡：法，谓相约遵守王法。

14 荒：远。见《尔雅·释诂》。替天子守边远之区叫荒服。

15 蛮：郑玄说："蛮者，听从其俗，羁縻其人耳，故云蛮。蛮之言缗也。"意思是维持隶属关系。

16 流：郑玄说："流谓夷狄流移，或贡或不。"意思是贡否不定。

[译文]

国都以外五百里叫作甸服。离国都最近的一百里缴纳连秆的禾；距离二百里的缴纳禾穗；距离三百里的缴纳带皮的谷；距离四百里的缴纳粗米；距离五百里的缴纳精米。

甸服以外五百里是侯服。离甸服最近的一百里替天子服差役；二百里的，担任国家的差役；三百里的，担任侦察工作。

侯服以外五百里是绥服。三百里的，考虑推行天子的政教；二百里的，奋扬武威保卫天子。

绥服以外五百里是要服。三百里的，约定和平相处；二百里的，约定遵守条约。

要服以外五百里是荒服。三百里的，维持隶属关系；二百里的，进贡与否流动不定。

东渐于海[1]，西被于流沙[2]，朔南暨声教讫于四海[3]。禹锡玄圭[4]，告厥成功。

[注释]

1 渐：入。

2 被：及，到。

3 朔南暨声教讫于四海：九字一句，谓北方、南方和声教皆止于夷狄之区。见《尚书易解》。

4 锡：赐，被赐。玄圭：玄色的瑞玉。禹锡玄圭，《史记·五帝本纪》引作“于是帝乃锡禹玄圭”。

[译文]

东方进至大海，西方到达沙漠，北方、南方同声教都到达外族居住的地方。于是禹被赐给天青色的瑞玉，表示大功告成了。

以上第四段，记叙大禹划分五服的功绩。

甘誓

甘，地名，在有扈氏国都的南郊。誓，是古代告诫将士的言辞。《史记 · 夏本纪》记载，大禹十年，东巡狩，死在会稽，政权交给了益。三年以后，益又把政权让给禹的儿子启，启很贤明，受到诸侯的拥护，于是继承了帝位，史称夏后帝启。夏的同姓诸侯有扈氏不服。夏启举兵讨伐它，在甘地大战。战前，夏启誓师告诫六军将士。史官记录了启的告诫之辞，写成《甘誓》。

《甘誓》对于研究中国社会发展史和中国政治制度史都具有不可替代的重要史料价值。夏启“即天子之位”，有扈氏举兵造反的原因是“自尧舜受禅相承，启独见继父，以此不服”。甘之战体现了“公天下”向“家天下”转变时新旧势力之间的尖锐斗争。这场战争最终以启的胜利、有扈氏的失败告终，反映了原始氏族部落基本瓦解，王位世袭制的初步确立。甘之战成为中国社会发展史上的一个重要节点。夏启废除禅让制度，确立王位世袭制度，古老的氏族公社为国家所代替，“公天下”为“家天下”所代替，夏启开启了中国历史上从奴隶社会到封建社会长达四千多年的王位世袭制。

《甘誓》对于研究中国古代思想史也有重要价值。阴阳五行学说是中国历代统治阶级统治人们的思想工具，然而，“五行”的词源义是指自然界的五种基本物质。在传世典籍中，“五行”一词最早见于本篇，而对“五行”最早的具体说解则见于《洪范》。《甘誓》和《洪范》中的“五行”都指金木水火土。金木水火土各有特性。金属可以任意改变形状，木性可以弯曲也可以伸直，水向下润湿，火向上燃烧，土壤可以种植和收获百谷。金木水火土相生相克。战国时代的学者据以提出“五德终始”说，西汉学者又进一步理论化和体系化，创立以类比为特征的阴阳五行神学体系。详见《洪范》篇导读。

“五行”思想有助于我们进一步了解这次战争的性质。文中启列举了有扈氏的两条罪状，一是“威侮五行”，二是“怠弃三正”。“威侮”即“轻慢”，也就是说有扈氏的罪状首先就是轻视五行，亦即轻视运用物质力量的发展为民众造福，阻挡社会制度的发展变化。启的战争动员符合生产发展和社会进步，因而得到支持，并取得胜利。

此外，也有文献记载说攻伐有扈氏的不是启。《墨子·明鬼》引本篇称《禹誓》，认为是夏禹伐有扈氏；《庄子·人间世》也说“禹攻有扈”。《吕氏春秋·先己》则说“夏后相与有扈氏战于甘泽而不胜”。虽然诸说纷纭，但《甘誓》中夏征伐有扈氏的史料应该是真实的。

大战于甘，乃召六卿[1]。王曰：“嗟！六事之人[2]，予誓告汝：有扈氏威侮五行[3]，怠弃三正[4]，天用剿绝其命[5]，今予惟恭行天之罚[6]。

[注释]

1 六卿：六军的主将。郑玄曰：“六卿者，六军之将。《周礼》六军皆命卿，则三代同矣。”

2 六事：六军的将士。

3 威：王引之说：“威，疑当作‘烕’。烕者，‘蔑’之假借也。蔑，轻也。蔑侮五行，言轻慢五行也。”

4 怠：懈怠。正：通“政”，谓政事。三正，指正德、利用、厚生三大政事。

5 用：因此。剿：绝。

6 恭行：恭，《墨子·明鬼》和《史记·夏本纪》都作“共”。共行，就是奉行。

[译文]

将在甘地进行大战，夏王启就召见了六军的将领。王说："啊！六军的将士们，我告诫你们：有扈氏轻慢治国大法，废弃正德、利用、厚生三大政事，因此，上天要断绝他的国运。现在我只有奉行上天对他的惩罚。

以上第一段，说明兴师讨伐的缘由。

"左不攻于左[1]，汝不恭命；右不攻于右[2]，汝不恭命；御非其马之正[3]，汝不恭命。用命，赏于祖[4]；弗用命，戮于社[5]，予则孥戮汝[6]。"

[注释]

1 左：车左。《孔传》："左方主射。"攻：善。

2 右：车右。《孔传》："右，勇力之士，执戈矛以退敌。"

3 御：驾车的人。非：违背。正：通"政"，事。

4 赏于祖：天子亲征，载着祖庙的神主。有功的，就赏于神主之前，表示不敢自己专行。

5 戮于社：天子亲征，又载着社主。不听命的，就在社主前处罚，也是表示不敢自己专行。

6 孥：通"奴"，这里是使动用法，使……变成奴隶，指降为奴隶。戮，刑戮。颜师古说："孥戮者，或以为奴，或加刑戮，无有所赦耳。"

[译文]

“车左的兵士不善于射箭，你们就是不奉行我的命令；车右的兵士不善于用戈矛刺杀，你们也是不奉行我的命令；驾车的兵士违反驭马的规则，你们也是不奉行我的命令。服从命令的，我会在先祖的神位面前赏赐你们；不服从命令的，我会在社神的神位面前惩罚你们，我就会把你们降为奴隶，或者杀掉你们。”

以上第二段，宣布赏罚的办法。

五子之歌

五子是夏启的五个儿子，太康的弟弟，具体名字不明。《史记·夏本纪》记载："夏后帝启崩，子帝太康立。"太康是个昏君，耽于享乐，荒废政务，民生凋敝。有穷国君后羿借太康外出狩猎数月不归之时，组织力量在黄河北岸阻挡太康返都，控制了夏的政权，史称"太康失国"。太康失国后，五子在洛水的北岸等待太康，作了五首歌埋怨和指责太康。

《五子之歌》第一次体现了我国早期的"民本思想"。第一首歌首句的"民惟邦本，本固邦宁"，不仅是这首歌的中心句，也是全篇的本旨。民众是国家的根本，根本牢固，国家才能安宁。"民惟邦本，本固邦宁"是我国古代长期政治实践总结出來的理论精华，是后代民本思想论述的理论源头。

第四首歌中提到“关石和钧”，近于《舜典》的“同律度量衡”。《国语·周语下》也引《夏书》“关石和钧，王府则有”，可证此说起源甚早。统一度量衡的记载也见于其他文献，如《世本·帝系》载少昊“同度量，调律吕”；《左传·昭公十七年》载少昊“五雉为五工正，利器用，正度量，是夷民者也”。《越绝书》载禹“循守会稽，审诠衡，平斗斛”；《吴越春秋》载禹“调权衡平斗斛，造林示民，以为法度”。可能早在舜、禹时代之前，华夏先民就已经初步认识到统一度量衡的意义。迄今为止，我国已经出土了很多战国时代的度量衡标准器，其中以秦国商鞅方升最为著名。统一度量衡还衍生出政治意义。《论语·尧曰》：“谨权量，审法度，修废官，四方之政行焉。”《管子·明法解》：“明主者一度量、立仪表而坚守之，故令下而民从。”计量工具的统一象征着国家实力，象征着公信和公平。公元前221年，秦始皇统一中原后即统一文字、货币和度量衡，当时的秦相李斯指出：“平斗斛、度量、文章，布之天下，以树秦之名。”可谓一针见血。

《五子之歌》对于研究中国音韵学史具有重要价值。五首歌都押韵，都与上古韵部吻合。其中，第一首用韵不易察觉。“宁”“敬”上古音属耕韵，“明”属阳韵，耕、阳旁转，这两个韵部的字可以通押；“下”“予”“图”“马”

均为鱼韵，鱼、阳对转，这两个韵部的字也可以通押。由此可知，以上各字在上古都相互押韵。第二、三首歌押阳韵；第四首歌中途换韵，先押文韵，后押之韵；第五首歌押微韵，这几首用韵都比较明显。

太康尸位[1]，以逸豫灭厥德，黎民咸贰。乃盘游无度[2]，畋于有洛之表[3]，十旬弗反。有穷后羿因民弗忍[4]，距于河。厥弟五人御其母以从[5]，徯于洛之汭[6]。

五子咸怨，述大禹之戒以作歌[7]。

［注释］

1 太康：夏王启的儿子，大禹的孙子。尸，主。古代祭祀时，鬼神的代表叫尸。像鬼神的代表一样处在位子上，而不做事，叫尸位。

2 盘游：盘，乐。游，游猎，度：法度，节制。

3 畋tián：田猎。有洛：洛水。有洛之表，谓洛水的南面。

4 有穷：国名。有，附音词词头，无义。后：《尔雅·释诂》：“君也。”羿yì：人名，有穷国的君主。帝喾kù的射官名叫羿，后来，善于射箭的人都称为羿，有穷的国君也善射，因此把他叫作羿。弗忍：不堪忍受。

5 御：侍奉。

6 徯xī：等待。

7 述：《孔传》："循也。"《五子之歌》的内容并不是陈述大禹的告诫，而是指责埋怨太康的所为，因此，述是遵循，不是叙述。

[译文]

太康处在尊位而不理事，喜好安乐，丧失君德，民众都怀有二心。太康竟至逸乐游猎没有节制，到洛水的南面打猎，一百天还不回来。有穷国的君主羿因人民不能忍受（太康的所作所为），在黄河的北岸抵御太康，不让他回国。太康的五个弟弟侍奉他们的母亲追踪太康，在洛水湾等待他。五人都埋怨太康，遵循大禹的教导而写了歌诗。

以上第一段，史官叙事之辞。

其一曰："皇祖有训[1]，民可近，不可下[2]。民惟邦本，本固邦宁。予视天下，愚夫愚妇一能胜予。一人三失，怨岂在明？不见是图[3]。予临兆民[4]，懔乎若朽索之驭六马[5]；为人上者，奈何不敬？"

其二曰："训有之。内作色荒[6]，外作禽荒[7]，甘酒嗜音，峻宇彫墙。有一于此，未或不亡[8]。"

其三曰："惟彼陶唐[9]，有此冀方[10]。今失厥道，乱其纪纲。乃底灭亡。"

其四曰：“明明我祖，万邦之君。有典有则，贻厥子孙。关石和钧[11]，王府则有[12]。荒坠厥绪，覆宗绝祀。”

其五曰：“呜呼曷归？予怀之悲。万姓仇予，予将畴依？郁陶乎予心[13]，颜厚有忸怩[14]。弗慎厥德，虽悔可追？”

［注释］

1 皇：《说文·王部》：“皇，大也。”皇祖指夏的开国君主禹。

2 下：低下。这里的意思是以为卑贱。

3 不见是图：即“图不见”，指图谋细微不见的民怨。《孔疏》：“大过皆由小事而起，言小事不防，易致大过，故于不见细微之时，当于是豫图谋之，使人不怨也。”

4 兆：《孔传》：“十万曰亿，十亿曰兆，言多。”

5 懔：危惧，害怕。六马：六匹马驾车，不容易调和。用朽索驾驭六匹马，形容危险得很。

6 作：为。色荒：荒，迷乱。迷乱于女色，叫色荒。

7 禽：鸟兽。禽荒，这里指畋猎。迷乱于打鸟兽，叫禽荒。

8 或：有。未或：未有，没有什么人。

9 陶唐：指尧帝，尧帝属陶唐氏。蔡沈《书集传》：

“尧初为唐侯，后为天子，都陶，故曰陶唐。”

10 冀方：冀州，指今山西和河北西部，是尧帝的政治中心。尧建都平阳，舜建都蒲阪，禹建都安邑，都在古冀州。这里举尧包括舜、禹，举冀州包括全国。

11 关：门关的税收。石：斛，指计量单位。和：平。钧：通“均”。关石和钧，赋税和计量都平均。

12 有：富足。

13 郁陶：郁闷、悲哀。《孔疏》：“郁陶，精神愤结积聚之意，故为哀思也。”

14 颜厚：面带羞愧。《孔疏》：“羞愧之情见于面貌，似如面皮厚然，故以颜厚为色愧。”忸怩：心里惭愧。《孔疏》：“忸怩，羞不能言，心惭之状。”

[译文]

其中第一首说：“伟大的祖先曾有明训，人民可以亲近而不可看轻；人民是国家的根本，根本牢固，国家就安宁。我看天下的人，即使愚夫愚妇都能胜过我。一个人多次过失，难道考虑民意一定要等待民怨沸腾吗？应当谋划民怨还未成形（便予以解决）。我治理亿万民众，恐惧得像用腐朽的绳索驾着六匹奔马；做君主的人，怎么能不敬不怕？”

其中第二首说：“禹王的教诲是这样：在内迷恋女色，在外田猎游荡；放纵饮酒，沉迷声乐，建筑高殿又雕饰宫墙。这些事只要有一桩，就没有谁能不灭亡。”

其中第三首说：“那伟大的陶唐，曾经据有冀州这地方。如今废弃他的治道，搅乱他的政纲。就是自己导致灭亡！”

其中第四首说：“我们圣明的祖父，是万国的大君。有典章有法度，传给他的子孙。征赋和计量平均，王家府库丰殷。现在废弃他的事业，断绝祭祀，危及宗亲！”

其中第五首说：“唉！我们归向何方？我的心情伤悲！万姓仇恨我们，我们将依靠谁？我的心思郁闷，我的颜面惭愧。不愿慎行祖德，即使改悔又岂可挽回？”

以上第二段，记叙五子歌辞。

胤　征

胤，国名。胤侯，夏帝仲康的大臣，掌管军事。《史记·夏本纪》记载："太康崩，弟仲康立，是为帝仲康。帝仲康时，羲和湎淫，废时乱日。胤往征之，作《胤征》。"

《胤征》第一次提及"遒人以木铎徇于路"。木铎具有深厚的文化意蕴。木铎首先是宣扬教令的工具，《周礼·天官·小宰》"徇以木铎"注："古者将有新令，必奋木铎以警众，使明听也。""文事奋木铎，武事奋金铎。"《尚书正义》解释"遒人以木铎徇于路""是宣令之事，故言宣令之官"。《论语·八佾》仪封人称："天下之无道也久矣，天将以夫子为木铎。"将孔子比喻为警醒世人的木铎，使"木铎"具有了更加深厚的文化内涵。

木铎除了上情下传的功能外，还是官方采诗活动中必不可少的工具，因而具有下情上达的功能。《汉书·食货志》："孟春之月，群居者将散，行人振木铎徇于路，以采诗，献之大师，比其音律，以闻于天子。故曰：王者不窥牖户而知天下。"《左传·襄公十四年》师旷引《夏书》："遒人以木铎徇于路。官师相规。工执艺事以谏。"杜预注："木铎徇于路，采歌谣之言也。"今按《胤征》"遒人以木铎徇于路"后紧接以"官师相规，工执艺事以谏"，则可知遒人也可能是征集言论的官员。

惟仲康肇位四海[1]，胤侯命掌六师。羲和废厥职[2]，酒荒于厥邑[3]。胤后承王命徂征。

告于众曰："嗟！予有众。圣有谟训，明征定保[4]。先王克谨天戒[5]，臣人克有常宪，百官修辅，厥后惟明明[6]。每岁孟春，遒人以木铎徇于路[7]，官师相规[8]，工执艺事以谏[9]，其或不恭[10]，邦有常刑。

[注释]

1 肇zhào：开始。位：治理。《广雅》："位，莅也。"莅，临视，视事。

2 羲和：羲氏、和氏，掌管天地四时的官。

3 酒荒：迷乱于嗜酒。邑：封地。

4 征：《广雅·释诂》："明也。"定保，定国安邦。

明征定保，明白有验，可以定国安邦。

5 天戒：上天垂象示戒，指日食、月食之类，古人认为是天降灾祸的征兆。

6 明明：明而又明，英明。

7 遒人：宣布政令的官。《孔疏》：“盖训遒为聚，聚人而令之，故以为名也。”木铎：有木舌的铃。古代宣传政教时用它来号召听众。《周礼 · 天官 · 小宰》“徇以木铎”注：“古者将有新令，必奋木铎以警众，使明听也。”“文事奋木铎，武事奋金铎。”木铎也可用来征集民众言论。《左传 · 襄公十四年》师旷引《夏书》：“遒人以木铎徇于路。官师相规。工执艺事以谏。”杜注：“木铎徇于路，采歌谣之言也。”徇xùn：通“巡”，巡行宣传教令。

8 官师：官员。规：规劝。

9 工：指百工，即各种工匠艺人。用技艺法规进谏，如同《礼记 · 月令》所说“毋或作为淫巧，以荡上心”。如果命令各种工匠制作出的东西是淫巧、奢侈的，工匠应当加以规劝。

10 或：有人。

[译文]

夏帝仲康开始治理四海，胤侯受命掌管六师。羲氏、和氏放弃职守，在他们的私邑嗜酒荒乱。胤侯接受王命，去征伐羲和。

胤侯告诫军众说："啊！我的将士们。圣人有谋有训，明白定国安邦的经验。先王能谨慎对待上天的警诫，大臣能遵守常法，百官修治职事尽心辅佐，君主就能圣明。每年孟春之月，遒人用木铎在路上宣布教令，收集民意，官长互相规劝，百工依据他们从事的技艺进行谏说。如果他们不尽心尽职，国家将施加常刑。

"惟时羲和颠覆厥德，沉乱于酒，畔官离次[1]，俶扰天纪[2]，遐弃厥司[3]。乃季秋月朔[4]，辰弗集于房[5]。瞽奏鼓[6]，啬夫驰[7]，庶人走。羲和尸厥官[8]，罔闻知，昏迷于天象，以干先王之诛[9]。《政典》曰[10]：'先时者杀无赦[11]，不及时者杀无赦。'

[注释]

1 畔：通"叛"。畔官，《孔疏》："违叛其所掌之官。"次：位。

2 俶chù：始。扰：乱。天纪：即《洪范》篇中的"五纪"："一曰岁，二曰月，三曰日，四曰星辰，五曰历数。"

3 遐xiá：远。司：司掌的职务。

4 乃：《词诠》："乃，始也，初也。"季秋：秋季的最后一个月，就是阴历九月。朔：阴历每月初一。

5 辰弗集于房：日和月在天上运行，每年相会十二次。日月相会叫作辰。相会的位置叫作房。

6 瞽gǔ：本指盲人，这里指乐官。按《周礼》，盲人没有视力，但识别声音的能力很强，因此用盲人做乐官。

7 啬夫：啬夫，主管布币的官。

8 尸：主管。

9 干：触犯。

10 政典：指导行政的书。《孔传》："政典，夏后为政之典籍。"

11 先时：在时令节气之前，比时令节气早。

［译文］

"这个羲和颠倒他们的品行，沉醉在酒中，背离职位，开始淆乱天时历法，远远废弃他们所掌管的事。于是九月初一这天，日月会合的地方不在房宿，出现日食。乐官击鼓，啬夫驱驰，众人奔走供役（都为了营救太阳）。羲和身为主管官员却不知道这件事，对天象昏迷无知，因此触犯了先王的诛罚。先王的《政典》规定：'历法所定比天时出现得早，杀掉主管官员不要赦免；比天时出现得晚，也杀掉不要赦免。'

以上第一段，胤侯奉命出征，宣布羲和的罪行。

“今予以尔有众，奉将天罚[1]。尔众士同力王室，尚弼予钦承天子威命[2]！火炎昆冈[3]，玉石俱焚；天吏逸德，烈于猛火。歼厥渠魁[4]，胁从罔治；旧染污俗，咸与惟新。

“呜呼！威克厥爱，允济[5]；爱克厥威，允罔功。其尔众士，懋戒哉！”

[注释]

1 将：《孔传》：“将，行也。”

2 尚：庶几。表示祈求或命令的副词。

3 昆冈：昆山。《孔传》：“山脊曰冈。昆山出玉。”

4 歼：《孔疏》：“歼，尽也。《释诂》文。舍人曰：‘歼，众之尽也。’众皆死尽为歼也。”渠魁：《孔传》：“渠，大也。魁，帅也，指谓羲和。”

5 克：胜，胜过。爱：指对亲爱者有罪而不杀的私惠。允：信，真的。济：成功。

[译文]

“现在我率领你们全体将士，奉行上天的惩罚。你等众将士要与王室同心协力，辅助我恭敬奉行天子的庄严命令！火烧昆山，玉和石同样被焚烧；天王的官吏如有过恶行为，危害将比猛火更猛烈。消灭那个首恶，不要惩治胁从的人；

旧时染有污秽习俗的人，都允许改过自新。

“啊！威严胜过慈爱，就一定能成功；慈爱胜过威严，就一定不会成功。你们众将士要努力要戒慎呀！”

以上第二段，胤侯勉励军士同心王室，消灭罪魁。

汤　誓

汤名履，又称天乙，舜的大臣契的十四代孙，商朝的开国君主。当时夏王桀荒淫暴虐，民怨沸腾，诸侯怨恨。诸侯昆吾氏举兵叛乱，汤率领诸侯讨伐昆吾。消灭昆吾以后，汤又乘胜讨伐夏桀。伐桀以前，汤的军民不愿征战。汤在都城亳bó告喻众人吊民伐罪的道理。史官记录这篇誓词，名叫《汤誓》。

《汤誓》是研究中国思想史的重要资料。较之《甘誓》，《汤誓》三次提及天命，对“天命”表现出极大的敬畏。《甘誓》中夏启征有扈氏是上伐下，名正言顺；而汤伐桀是下抗上，难免有犯上作乱的嫌疑。因此，汤首先申明“非台小子敢行称乱”，然后再三强调伐夏乃替天行道：一说“天命殛之”，灭夏是天意；二说“予畏上帝”，敬畏天命，不敢不从上帝；三说“致天之罚”，声明罚桀的是天，他只是中介。汤必须证明战争的合法性。另外，强调天命就是强调神治。以神治政是商王朝政统秩序的特色。

《汤誓》也是研究中国古代史和楚国与商周民族关系史的重要资料。楚的开国之君是熊绎，周成王时受封于楚。有学者认为熊绎的祖先就是昆吾氏。此外，甲骨文和《诗经》里都记载了商曾经大规模伐楚，《左传》和《国语》里又记载春秋中期以后楚常南侵，甚至问鼎中原。楚和中原大国的恩恩怨怨构成了先秦史的重要内容。

《汤誓》是传世文献中第一篇军事文学作品，可为典则。该文篇幅短小，却内容丰富，全文近166字就将战争的起始由末交代得清清楚楚，时间、地点、主誓者、誓师物件、兴师原因，战场纪律、赏罚诫勉，逐次展现，结构完整，秩序井然。语言简洁，生动传神；句式或整或散，富有鲜明的节奏感；排比的确当运用，加强了誓言的气势，具有不可移易的说服力。

《汤誓》反映了夏末商初尖锐的阶级矛盾和阶级斗争，篇中引用民众咒骂夏桀的话“时日曷丧？予及汝皆亡”，真实反映了民众痛恨暴君暴政的心情。《孟子·梁惠王上》引《汤誓》：“时日害丧？予及女偕亡。”证明孟子见到的《尚书》就有《汤誓》篇，这个比喻也成为后世重要的政治话语。

王曰："格，尔众庶，悉听朕言。非台小子敢行称乱[1]！有夏多罪，天命殛之。

今尔有众，汝曰：'我后不恤我众，舍我穑事而割正夏[2]？'予惟闻汝众言[3]，夏氏有罪，予畏上帝，不敢不正！今汝其曰：'夏罪其如台[4]？'夏王率遏众力[5]，率割夏邑。有众率怠弗协[6]，曰：'时日曷丧[7]？予及汝皆亡。'夏德若兹，今朕必往。

[注释]

1 台yí：我。小子：天子及诸侯的谦称，甲骨文已见。称：《孔传》："称，举也。举乱，以诸侯伐天子。"

2 穑事：农事。割：通"曷"，为什么。正：通"征"，征伐。

3 惟：《词诠》："推拓连词，与'虽'字用同。"

4 其：《词诠》："反诘副词，岂也。'其''岂'音近，古文二字互通。"可译为"究竟"。如台yí：如何。

5 率：语气助词，无义。见《经传释词》。遏：通"竭"，尽。

6 协：《尔雅·释诂》："协，服也。"邢昺疏："协者，和合而服也。"

7 时：是，这个。曷：何，什么时候。

[译文]

王说："来吧！你们各位，都听我说。不是我小子敢行作乱！因为夏国犯下许多罪行，天帝命令我去讨伐它。现在你们大家都会说：'我们的君王不怜悯我们众人，荒废我们的农事，为什么要征伐夏国呢？'我虽然理解你们的话，但是夏氏有罪，我畏惧上帝，不敢不去征伐啊！现在你们会问：'夏的罪行究竟怎么样呢？'夏王耗尽民力，残害夏国的人民。夏的民众怠慢不顺从他，他们说：'夏这个太阳什么时候消失呢？我们愿意同你一起灭亡。'夏的品德坏到这样，现在我一定要去讨伐它。

以上第一段，说明兴师征伐的原因。

"尔尚辅予一人[1]，致天之罚，予其大赉汝[2]！尔无不信，朕不食言[3]。尔不从誓言，予则孥戮汝，罔有攸赦[4]。"

[注释]

1 尚：庶几，表祈使语气。可译为"要""希望"之类。一人：君王自谦的话，言自己只能当一人。

2 其：将。赉lài：赏赐。

3 食言：说假话。《尔雅·释诂》："食，伪也。"

4 攸：句中语气助词，无义。《词诠》："语中助词，无义。”

[译文]

“你们要辅佐我，实行天帝对夏的惩罚，我将重重地赏赐你们！你们不要不相信，我不会说假话。如果你们不遵从誓言，我就会把你们降为奴隶，或者杀死你们，绝不会有所赦免。”

以上第二段，申明赏罚的办法。

仲虺之诰

仲虺huǐ，成汤左相。诰，告。《易·革》象辞将成汤伐桀、武王伐纣概括为“汤武革命”。尧、舜、禹都行禅让，而成汤却用武力取得帝位，成汤自惭行为不及古帝。仲虺劝勉成汤，指明桀逆天命，汤顺天命，伐桀是人心所向。

《仲虺之诰》汤征葛的记载引人注目。仅《孟子》一书就曾三次引《书》论及此事，分别见于《梁惠王下》《滕文公下》和《尽心下》。《逸周书·史记解》和今本《竹书纪年》亦有“商师征有洛”的记载。“有洛”可能就是葛。上古音“葛”“洛”可旁转通假。有洛是汤第一个征伐的对象，与《孟子》“汤始征，自葛载（始）”的说法一致。葛伯耽于享乐，暴虐残忍，乃至于发生了“葛伯仇饷”等事件，所以汤征葛是“为匹夫匹妇复仇”，成汤的军队是仁义之师，各地民众无不翘首以盼。一直以来，这都是封建时代的正统历史观，仁义之师、吊民伐罪一直是人们对于成汤的共同印象。但是，晚清的龚自珍对《孟子》的说法提出了质疑。龚氏作《葛伯仇饷解》，开篇即质疑："葛虽贫，葛伯一国之君，安得有杀人夺酒肉事？"接着提出了可谓惊世骇俗的观点："王者之取天下，虽曰天与之，要必有阴谋焉。"龚自珍认为"亳众"是汤派往葛的内应，"老弱馈食"则是间谍。葛伯的所作所为仅仅是清除汤派来的内应和间谍。文章末尾说："夫葛何罪？罪在近。后世之阴谋有远交而近攻者，亦祖汤而已。"认为汤先灭葛只是因为亳与葛距离近，即《孟子》所说"汤居亳，与葛为邻"。

从历史发展的角度看，龚自珍的观点可能接近历史真象。但事实如何并不是最关键的问题。孟子对仁义道德的呼唤，对民贵君轻的阐发，具有超越时空的永恒价值，对于历代统治者都有着强烈的镜鉴作用；而龚自珍身处清末，目睹国势羸弱，思想凋敝，他一方面强调经世致用，要求思想要具有现实意义，另一方面又强调思想解放，要求敢于质疑，善于思考。孟子和龚自珍虽然所处时代不同，认识观念不同，但都是各自时代忧国忧民的伟大思想家。

成汤放桀于南巢[1]，惟有惭德。曰："予恐来世以台为口实[2]。"

仲虺乃作诰，曰：“呜呼！惟天生民有欲，无主乃乱，惟天生聪明时乂[3]。有夏昏德，民坠涂炭[4]；天乃锡王勇智[5]，表正万邦，缵禹旧服[6]。兹率厥典，奉若天命！

[注释]

1 成汤：汤由于用武力讨伐夏桀获得成功，因此叫作成汤。汤是名字，成是谥号。放：驱逐。南巢：地名。在今安徽巢湖市东北。

2 来世：后世，后代。口实：话柄。

3 时：是，指这些民众。乂，治理。

4 坠：陷入。涂：泥。炭：火。言人民像陷入涂泥炭火之中。

5 锡：通“赐”，赐予。

6 缵zuǎn：继承。服：事。

[译文]

成汤放逐夏桀让他住在南巢，心里有些惭愧。他说：“我担心后世拿我作为话柄。”

仲虺于是劝勉成汤，仲虺说：“啊！上天生养民众，人人都有情欲，没有君主，民众就会混乱，因此上天又生出聪明的人来治理他们。夏桀行为昏乱，人民陷入泥涂火炭的困境之中；上天于是赋予大王勇敢和智慧，使您做万国的表率，继承大禹往日的事业。您现在要遵循大禹的常法，顺从上天的大命！

以上第一段，说明成汤伐桀是奉天救民，可以无惭。

“夏王有罪，矫诬上天[1]，以布命于下。帝用不臧[2]，式商受命[3]，用爽厥师[4]。简贤附势[5]，实繁有徒。肇我邦于有夏，若苗之有莠[6]，若粟之有秕[7]。小大战战，罔不惧于非辜[8]，矧予之德言足听闻？

[注释]

1 矫：假托。诬：欺骗。

2 用：因此，由于。臧zāng：善，好。

3 式：用。

4 爽：《墨子·非命上》引作“丧”，爽、丧音同。师：众庶。

5 简：慢、怠慢。

6 莠：农作物中的杂草。

7 秕bǐ：中空的谷粒。

8 辜：罪。非辜，无罪，没有罪。

[译文]

夏王桀有罪，假托上天的意旨，在天下发号施令。上天因此认为他不善，用我商家承受天命，使桀丧失臣民。怠慢贤明，依从权势，这种人徒众很多。从前我商家在夏朝立国，像苗中有莠草，像粟中有秕谷一样。上下战栗恐惧，都害怕无辜受罪，何况我商家的德和言都可以动人听闻呢？

“惟王不迩声色，不殖货利[1]；德懋懋官[2]，功懋懋赏；用人惟己[3]，改过不吝；克宽克仁，彰信兆民。乃葛伯仇饷[4]，初征自葛。东征西夷怨，南征北狄怨。

曰：‘奚独后予[5]？’攸徂之民[6]，室家相庆。曰：‘徯予后[7]，后来其苏[8]。’民之戴商，厥惟旧哉。

[注释]

1 殖：经商。经商的目的是营利，这里是“聚敛”的意思。

2 懋：劝勉、盛美。德懋懋官，德盛的用官职劝勉他。下文“功懋懋赏”，用法相同。

3 用人惟己：《孔传》：“用人之言，若自己出。”

4 乃：从前。《孔疏》：“此言乃者，却说已过之事。”葛伯：葛国的君主。饷：馈送食物。有人送食物给耕作的人，葛伯夺其食物，又杀了这人。葛伯以饷田的人为仇，所以叫葛伯仇饷。

5 奚：何，怎么。后：指征讨在后。

6 攸：所。结构助词，放在动词前面，组成名词性“所”字词组。徂cú：往。

7 徯xī：等待。

8 苏：复生。

[译文]

“大王不近声色，不聚货财；德盛的人用官职劝勉他，功大的人用奖赏劝勉他；用人之言像出于己口，改正过错毫不吝惜；能宽能仁，昭信于万民。从前葛伯仇饷，我们的征伐就从葛国开始。大王东征则西夷怨恨，南征则北狄怨恨。他们说：‘怎么独独把我们摆在后面？’我军过往之处的民众，室家互相庆贺。他们说：‘等待我们的君主，君主来临，我们就会复活了！’天下人民爱戴我们商家，已经很久了啊！

以上第二段，说明汤受到人民爱戴，可以无惭。

“佑贤辅德，显忠遂良[1]；兼弱攻昧[2]，取乱侮亡[3]。推亡固存，邦乃其昌。

“德日新，万邦惟怀；志自满，九族乃离。王懋昭大德，建中于民[4]，以义制事，以礼制心，垂裕后昆[5]。

予闻曰：‘能自得师者王，谓人莫己若者亡。好问则裕，自用则小[6]。’

“呜呼！慎厥终，惟其始。殖有礼[7]，覆昏暴。钦崇天道，永保天命。”

［注释］

1 显：传扬。遂：进用。

2 兼：兼并。昧：愚昧，昏乱。

3 乱：《韩非子·八说》：“人主肆意陈欲曰乱。”亡：通“荒”。《逸周书·谥法》：“好乐怠政曰荒。”人主贤、德、忠、良则能维系邦国，弱、昧、乱、亡（荒）则导致灭亡。

4 中：中道，不偏不倚、无过无不及的中庸之道。建中，《孔传》：“立大中之道。”

5 垂：传。裕：宽裕。后昆：后裔。

6 自用：自以为是。

7 殖：封殖，培植。《国语·周语下》：“上得民心，以殖义方。”

［译文］

“佑助贤德的诸侯，显扬忠良的诸侯；兼并弱小的国家，讨伐昏暗的国家，夺取动乱的政权，轻慢亡国的君王。

推求灭亡的道理，巩固自己的生存，国家就将昌盛。

“德行日新不懈，天下万国就会怀念；志气自满自大，亲近的九族也会离散。大王要努力显扬大德，为民众建立中道，用义裁决事务，用礼制约思想，把宽裕之道传给后人。我听说：‘能够自己求得老师的人就会称王，以为别人不及自己的人就会灭亡。好问，知识就充裕；自以为是，见闻就狭隘。’

“啊！慎终就要善谋开始。扶植尚礼之邦，灭亡昏暴之国。敬重上天的这种规律，就可以永保天命了。”

以上第三段，劝勉成汤继续施行德政，遵循天道规律。

汤　诰

成汤战胜夏桀，回到都城亳邑，诸侯都来朝见。成汤告诫诸侯各守常法，以承天休。史官记录成汤的诰词，名叫《汤诰》。

汤指出“天道福善祸淫”，强调“惟简在上帝之心”。这种天命观与人德观合一的观念要到殷周之际才会产生。商初迷信鬼神，巫风炽盛，产生这种观念不太可能。然而，这句话十分精警，具有很强的现实意义。尤其是“天道福善祸淫”，用极其洗练的语句告诉人们行善必然会得到福祐，作恶必然会遭到灾祸。“天”后紧接以“道”字，更加突出了这种善恶报应的必然性。

《汤诰》指出：“若有恒性，克绥厥猷惟后。”《书集传》释为：“成汤原性以明人之善。”“若有恒性”强调君主应当顺从臣民的常性施行政教。周代是礼乐文明的鼎盛期，礼乐是周代政教的主要载体。而礼正是缘情而作，《礼记·坊记》说“礼者，因人之情而为之节文”；郭店楚简《语丛二》“礼生于情”，这既显示出我国传统政教对人性的关怀，也显示出我国古代高超的政治智慧与行政艺术。同时，“若有恒性”不仅仅是治国良方，也是教育的明智策略。孔子“因材施教”的教育理念与“若有恒性”的施政主张在本质上是一致的，二者都是强调根据人的性格特征实行教化，从而提升人们的修养。

《史记·殷本纪》载有《汤诰》全文，与此篇不同，足证《汤诰》属于晚书二十五篇。然《国语》和《墨子》引《汤誓》却多与《汤诰》相似。《国语·周语下》引《汤誓》“余一人有罪，无以万夫；万夫有罪，在余一人”，不见于《汤誓》，却与《汤诰》“其尔万方有罪，在予一人。予一人有罪，无以尔万方”相似。《墨子·尚贤中》引《汤誓》“聿求元圣，与之勠力同心，以治天下”，不见于《汤誓》，却与《汤诰》中的句子“聿求元圣，与之勠力，以与尔有众请命”相似。这些为研究《汤诰》的文献价值提供了重要史料。

王归自克夏，至于亳[1]，诞告万方。

王曰：“嗟！尔万方有众，明听予一人诰。惟皇上帝，降衷于下民[2]。若有恒性，克绥厥猷惟后[3]。夏王灭德作威，以敷虐于尔万方百姓。尔万方百姓，罹其凶害[4]，弗忍荼毒[5]，并告无辜于上下神祇。天道福善祸淫[6]，降灾于夏，以彰厥罪。肆台小子将天命明威，不敢赦。敢用玄牡[7]，敢昭告于上天神后，请罪有夏。聿求元圣[8]，与之戮力[9]，以与尔有众请命。

［注释］

1 亳bó：地名，成汤的国都，在今河南商丘市。

2 衷：《孔传》：“衷，善也。”

3 绥：安。猷：导，教。

4 罹：被，遭受。

5 荼：苦菜，味道苦。毒：指毒人的虫，是人之所苦。荼毒比喻痛苦。

6 福善：降福给好人。淫：邪恶。《商君书·外内》：“淫道必塞。”祸淫，降祸给邪恶的人。

7 玄：黑色。牡：公牛。《礼记·檀弓上》：“夏后氏尚黑，大事敛用昏，戎事乘骊，牲用玄。殷人尚白，大事敛用日中，戎事乘翰，牲用白。”这里汤用玄牡，是商刚建国，仍用夏的礼制。

8 聿：《孔传》：“聿，遂也。”元圣：大圣，指伊尹。

9 戮：通“勠”，努力。

[译文]

汤王战胜夏桀后回来，到了亳邑，大告万方诸侯。

汤王说：“啊，你们万方众长，明白听从我的教导。伟大的上帝，降善于下界民众。顺从民众的常性，能使他们安于教导的就是君主。夏王灭弃道德，滥用威刑，向你们万方百姓施行虐政。你们万方百姓遭受他的残害，痛苦不堪，普遍向上下神祇申诉无罪。天道福佑善人，惩罚坏人，降灾于夏国，以显露他的罪过。所以我小子奉行天命明法，不敢宽宥。敢用黑色公牛，敢向天神后土祷告，请求惩治夏桀。于是邀请了大圣伊尹与我共同努力，为你们万方众长请求保全生命。

以上第一段，言桀政暴虐，伐桀是为民请命。

“上天孚佑下民[1]，罪人黜伏[2]。天命弗僭[3]，贲若草木[4]，兆民允殖。俾予一人辑宁尔邦家[5]，兹朕未知获戾于上下[6]，栗栗危惧，若将陨于深渊。凡我造邦[7]，无从匪彝[8]，无即慆淫[9]，各守尔典，以承天休。尔有善，朕弗敢蔽；罪当朕躬，弗敢自赦，惟简在上帝之心[10]。其尔万方有罪，在予一人；予一人有罪，无以尔万方。

“呜呼！尚克时忱[11]，乃亦有终。”

[注释]

1 孚：保。古文以孚为保，见段玉裁《说文解字注》。

2 黜伏：退伏。《孔传》："桀知其罪，退伏远屏。"

3 僭：差错。

4 贲bì：《广雅·释诂》："美也。"

5 俾bǐ：使。辑：和睦。《诗经·大雅·板》："辞之辑矣，民之治矣。"《毛传》："辑，和洽。"

6 兹：此。指伐桀这件事。戾：罪。

7 造邦：建立的国家。意即夏朝灭亡，商朝建立，原来的诸侯国同商建立了新的关系，也就是商朝所建立的国家。

8 无：通"毋"。匪：通"非"。彝：法。《书集传》："匪彝，指法度言。"《诗经·大雅·烝民》："民之秉彝。"《毛传》："彝，常。"郑玄说："民所执持有常道。"

9 即：就，靠近。慆：怠慢。淫：纵乐。《书集传》："慆淫，指逸乐言。"

10 简：明白。

11 尚：庶几，表示希望的副词。时：通"是"，这。忱：诚信。时忱，这样诚信。

[译文]

"上天保佑天下人民，罪人夏桀被废黜了。天道不差，灿然仿佛草木滋生繁荣，兆民因此繁衍生息。上天使我让你们的国家和睦安定，这回伐桀我不知道有没有得罪天地，惊恐畏惧，像要落到深渊里一样。凡我建立的诸侯，不要施行非法，不要追求安乐；要各自遵守常法，以接受上天的福禄。你们有善行，我不敢掩盖；罪过在我自身，我不敢自己宽恕，因为这些在上帝心里都明明白白。你们万方诸侯有过失，原因都在于我；我有过失，不会连及你们万方诸侯。

“啊！但愿能够这样诚信不疑，也就会获得好的结局。”

以上第二段，告诫各诸侯共守常法，以承天休。

伊　训

伊，伊尹。训，教导。《伊训》是伊尹教导商王太甲的训辞，是中国文化史上最重要的文献之一。

在中国教育史上，孔子是私学之祖，《伊训》中的伊尹则是官学之祖，是中国文献记载中的第一个帝王之师。《孟子 · 万章上》记载伊尹“以尧舜之道要汤”，“而说之以伐夏救民”。

《孟子 · 公孙丑下》：“汤之于伊尹，学焉而后臣之，故不劳而王。”

伊尹还是中国烹饪史上第一个烹饪理论家，论述菜品调料、五味三材、九沸九变等在当今仍具有烹饪理论价值。《吕氏春秋 · 本味篇》还记载伊尹与汤谈论怎样调和五味，以烹饪治政，《老子》“治大国若烹小鲜”之喻即源自伊尹之论。

伊尹是中国政治史上第一个“以臣放君”的权臣，却是儒家正统史观塑造的“公天下”的仁德楷模，引发了上古史臧否人物的著名争论。

《伊训》是中国政治制度史上第一篇体制内反腐的重要文告，伊尹列举商初严重的腐败现象，告诫太甲和群臣杜绝“三风十愆”，指出丧家亡国的严重危害，提出具体的惩戒措施，具有重要的政治学价值。

后世政治家都注重《伊尹》的从政警示教化作用。成都武侯祠有联赞诸葛孔明云：文章与伊训说命相表里，经济自清心寡欲中得来。联语为清人陈矩集宋代苏轼、朱熹的原句所成。联语是说诸葛亮的前后《出师表》可以和《尚书》的《伊训》《说命》互为表里，经国济世的功业源自“淡泊明志，宁静致远”。

惟元祀十有二月乙丑[1]，伊尹祠于先王[2]，奉嗣王祗见厥祖[3]。侯甸群后咸在，百官总己以听冢宰[4]。伊尹乃明言烈祖之成德[5]，以训于王。

[注释]

1 祀：年。夏代叫岁，商代叫祀，周代叫年。

2 祠：告祭于庙。先王：汤。《尚书正义》：“汤之父祖不追为王，所言先王，惟有汤耳。”

3 嗣王：王位继承人，指太甲。

4 总己：统领自己的官员。冢：大。宰：治。冢宰，又叫太宰，百官之长。

5 烈祖：有功之祖。《孔疏》：“烈，训业也。汤有定天下之功业，为商家一代之太祖，故以烈祖称焉。”

[译文]

太甲元年十二月乙丑日，伊尹祭祀先王，侍奉嗣王恭敬地拜见他的祖先（的神位）。侯服甸服的诸侯都在祭祀行列，百官率领自己的僚属，听从太宰伊尹的命令。伊尹于是明确阐述大功之祖成汤的盛德，来教导太甲。

以上第一段，记叙伊尹作训的背景。

曰：“呜呼！古有夏先后，方懋厥德，罔有天灾。山川鬼神，亦莫不宁，暨鸟兽鱼鳖咸若[1]。于其子孙弗率[2]，皇天降灾，假手于我[3]。有命造攻自鸣条[4]；朕哉自亳[5]。惟我商王，布昭圣武，代虐以宽，兆民允怀。今王嗣厥德，罔不在初[6]！立爱惟亲，立敬惟长，始于家邦[7]，终于四海。

[注释]

1 暨：及，连同。若：顺、顺遂。

2 率：循，遵守。

3 假手：借手。

4 造：始。鸣条：夏桀所居，即指夏桀。《孔疏》："诛桀始攻从鸣条之地而败之。"

5 哉：通"载"，行。《尧典》"熙帝之载"郑注："载，行也。"亳：汤的国都。

6 罔：不可。在：省察，考虑。

7 家：卿大夫的封地。邦：国，诸侯的封地。

[译文]

伊尹说："啊！从前夏代的先君，勉力施行德政，没有发生过天灾，山川鬼神没有一个不安宁，连同鸟兽鱼鳖各种动物的生长都很顺遂。到了他的子孙，不遵循先人的德政，上天降下灾祸，借助我享有天命的汤王之手，从鸣条开始讨伐夏桀，我就从亳都执行天命。我商王宣明德威，用宽和代替暴虐，所以天下万民怀念成汤。现在我王嗣行成汤的美德，不可不考虑初继帝位就加以重视！树立友爱之风从亲者开始，树立尊敬之风从长者开始，树立美德从家和国开始，最终推广到天下。

以上第二段，勉励太甲施行成汤的美德。

“呜呼！先王肇修人纪[1]，从谏弗咈[2]，先民时若[3]；居上克明，为下克忠；与人不求备[4]，检身若不及。以至于有万邦，兹惟艰哉！

“敷求哲人，俾辅于尔后嗣。制《官刑》[5]，儆于有位。曰：敢有恒舞于宫、酣歌于室[6]，时谓巫风[7]。敢有殉于货色[8]、恒于游畋，时谓淫风。敢有侮圣言、逆忠直、远耆德[9]、比顽童[10]，时谓乱风。惟兹三风十愆[11]，卿士有一于身，家必丧；邦君有一于身，国必亡。臣下不匡，其刑墨[12]。具训于蒙士[13]。

[注释]

1 肇：勉力。《尔雅·释言》：“肇，敏也。”敏，即勉的意思。纪：纲纪。人纪，为人的纲纪。《孔传》：“言汤始修为人纲纪。”

2 咈fú：违背。

3 时：是，表示宾语前置的结构助词。若：顺从。《孔传》：“先民之言是顺。”

4 与：交与，交接。与人，结交别人。

5 《官刑》：治理官吏的刑法。

6 酣：乐酒，嗜酒行乐。

7 巫：以祈祷鬼神为职业的人。《孔传》：“废德事鬼神曰巫。”巫风：巫觋（xí）的风俗。

8 殉：《孔传》："殉，求也。"货：财物。色：女色。

9 耆：老。《孔疏》："疏远耆年有德。"

10 比：亲近。顽，愚。童，童稚。《孔疏》说："亲比顽愚幼童。"

11 三风十愆qiān："三风"指巫风、淫风、乱风。"十愆"指舞、歌、货、色、游、畋、侮、逆、远、比。愆：过错。

12 墨：墨刑，凿额涂墨的刑罚。

13 蒙士：下士。《孔疏》："蒙谓蒙稚，卑小之称，故蒙士例谓下士也。"

[译文]

"啊！先王努力讲求做人的纲纪，听从谏言而不违反，顺从前贤的话；处在上位能够明察，为臣下能够尽忠；结交人不求全责备，检点自己好像来不及一样。因此达到拥有万国，这是很难的呀！

"成汤又普求贤明智慧的人，使他们辅助你们这些后嗣。制定《官刑》来警诫百官。《官刑》上说：敢有经常在宫中舞蹈、在房中饮酒酣歌的，这叫作巫风。敢有贪求财货女色、经常游乐田猎的，这叫作淫风。敢有轻视圣人教训、拒绝忠直谏诫、疏远年高德劭的、亲近顽愚童稚的，这叫作乱风。这些三风十过，卿士身上只要沾染其中一种，他的家一定会丧失；国君身上只要沾染其中一种，他的国一定会灭亡。臣下不匡正君主，墨刑。这些要详细教导到下士。

以上第三段，言成汤修己求贤和制定官刑。

“呜呼！嗣王祗厥身，念哉！圣谟洋洋[1]，嘉言孔彰！惟上帝不常，作善，降之百祥；作不善，降之百殃。尔惟德罔小[2]，万邦惟庆；尔惟不德罔大[3]，坠厥宗[4]。”

［注释］

1 洋洋：《孔传》：“美。”

2 尔惟德：《孔疏》：“尔惟修德而为善。”罔小：不论多小。

3 尔惟不德：《孔疏》：“谓不修德为恶也。”罔大：不大。

4 坠：失。宗：宗庙。天子、诸侯祭祀祖先的处所，《孔传》：“必坠失宗庙。”这里的宗庙，指代国家。

［译文］

“啊！嗣王当以这些教导警诫自身，念念不忘呀！圣人的谋略完美，嘉训十分清楚啊！上帝赐福降灾没有常规，行善事的，就赐给各种吉祥；行不善的，就降给各种灾殃。你修德行善不论多小，天下的人都会感到庆幸；你行纵己行恶，即使不大，也会丧失宗庙国家。”

以上第四段，勉励嗣王敬身修德。

太甲上

太甲初登王位，不守成汤旧法，伊尹放逐他到汤的墓地桐宫，忧居思过。太甲在桐宫三年，悔过自新，于是伊尹又迎接他回到亳都。在这期间，伊尹多次开导他。《太甲》三篇就是伊尹开导太甲的训辞。

《太甲》上篇，伊尹提出“习与性成”的命题，对后世影响深远。性与习不能等同于生物学概念上的遗传与环境，“性”其实有两种，一种是与生俱来的性，可以称为天性或者生性，另一种是人出生以后由学习或习染而来的习成的性，可以称为习性。人的生性只有很少的几种，而习性则是大量的并且其发展的可能性在实际上是无限的。人性不是一成不变的，而是具有多种发展的可能，这是教育树人的基础和前提。伊尹流放太甲，就是因为他意识到习能成性，劣习会使人邪恶成性；而勒令太甲思过，就是希望从“习”的层面进行教育，通过长期的耳濡目染使太甲戒除劣习，从而“克终允德”。

中篇，伊尹告诫太甲“民非后，罔克胥匡以生；后非民，罔以辟四方”，强调君、民相互依存，缺一不可。太甲认识到：“天作孽，犹可违；自作孽，不可逭。”天是人力无法抗拒的因素，但是人尚能躲避天灾；但是如果人自酿灾祸，就必定要付出惨痛的代价。这句话至今都是我们保持敬畏谨防人祸的警世格言。

下篇，伊尹告诫太甲：“若升高，必自下；若陟遐，必自迩。”这句话蕴含重要的生命哲理。《礼记·中庸》引为：“譬如行远，必自迩；譬如登高，必自卑。”任何事物都蕴含着高低、远近、大小、多少的辩证关系，做任何事都必须循序渐进，谨始慎终。《周书·旅獒》：“不矜细行，终累大德。”《老子》：“合抱之木，生于毫末；九层之台，起于累土；千里之行，始于足下。”“图难于其易，为大于其细；天下难事，必作于易，天下大事，必作于细。是以圣人终不为大，故能成其大。”《荀子·劝学》：“不积跬步，无以至千里；不积小流，无以成江海。”这些经典名言从正反两方面论述了基础和细节的重要性，这是传统文化的重要组成部分。

惟嗣王不惠于阿衡[1]，伊尹作书曰："先王顾諟天之明命[2]，以承上下神祇。社稷宗庙罔不祗肃。天监厥德，用集大命，抚绥万方。惟尹躬克左右厥辟宅师[3]，肆嗣王丕承基绪。惟尹躬先见于西邑夏[4]，自周有终[5]，相亦惟终；其后嗣王，罔克有终，相亦罔终。嗣王戒哉！祗尔厥辟，辟不辟[6]，忝厥祖。"

［注释］

1 惠：顺从。《诗经·邶风·燕燕》："终温且惠，淑慎其身。"《毛传》："惠，顺也。"阿衡：商代官名。《诗经·商颂·长发》："实维阿衡，实左右商王。"孔颖达说："伊尹名挚，汤以为阿衡，至太甲改曰保衡。阿衡、保衡皆公官。"

2 先王：指成汤。諟：是，正确。这里义即"认为正确"。

3 躬：亲身。左右：帮助。辟：君主。宅：《礼记·郊特牲》疏："宅，安也。"师：众人。

4 西邑夏：夏的国都安邑在亳的西边，因此称西邑夏。

5 自：用。周：忠信。《诗经·小雅·都人士》："行归于周，万民所望。"《毛传》："周，忠信也。"郑玄说："都人之士所行要归于忠信。"终：成。见《国语·周语》注。下文的"终"，意义相同。

6 辟：君主，这里指君道。后一"辟"字，用为动词。

[译文]

嗣王太甲不顺从伊尹，伊尹作书给王说：“先王成汤顾念上天英明的命令，因此顺承天地神灵，对宗庙社稷无不恭敬严肃。上天看到汤的善政，因此降下重大使命，让他抚安天下。我伊尹能亲身辅助君王安定民众，所以嗣王就承受了先王的基业。我伊尹亲眼先看到西方夏邑的君主，用忠信取得成就，辅相大臣也取得成就；他们的后继王不能取得成就，辅相大臣也没有成就。嗣王要警戒呀！应当敬重你做君王的法则，做君王而不尽君道，将会羞辱自己的祖先。”

以上第一段，伊尹勉励太甲重视天命，恪守君道。

王惟庸罔念闻，伊尹乃言曰：“先王昧爽丕显[1]，坐以待旦。旁求俊彦[2]，启迪后人。无越厥命以自覆[3]。慎乃俭德，惟怀永图。若虞机张[4]，往省括于度[5]，则释；钦厥止，率乃祖攸行！惟朕以怿[6]，万世有辞。”

[注释]

1 昧：昏暗。爽：明亮。昧爽，指天将明未明的时刻。丕：乃。显：通“宪”，思也。《诗经·大雅·假乐》“显显”，《礼记·中庸》引作“宪宪”。孔子弟子原宪，字子思，可见宪有思义。

2 彦：《尔雅·释训》：“美士曰彦。”俊彦：才智特别出众的人。

3 越：忘记。厥命：先祖的权力和使命。覆：失败、灭亡。

4 虞：主管山林的人叫虞人。机：弓弩上的发射机关。《鬼谷子 · 飞箝》："为之枢机"。皇甫谧注："机，所以主弩之放发。"张：把弓拉开。

5 省xǐng：察看。括：矢括，箭末扣弦处。于：与，连词。度：瞄准器。释：放。

6 怿yì：喜悦。

[译文]

王依然像往常一样不闻不问。伊尹教导说："先王在天将明未明的时刻，就思考国事，坐着等待天明。又遍求俊彦能臣，开导后人。你不要忘记先祖的教导以自取灭亡。你要慎行俭约的美德，胸怀长久计谋。好像虞人张开了弓，还要去察看箭尾与瞄准器才发射一样；你要重视自己的目的，遵行你的先祖的举措！这样我就高兴了，千秋万世您将会得到美好的声誉。"

以上第二段，伊尹又勉励太甲遵守成汤之道。

王未克变。伊尹曰："兹乃不义。习与性成，予弗狎于弗顺[1]。营于桐宫[2]，密迩先王其训[3]，无俾世迷。”

王徂桐宫[4]，居忧[5]，克终允德[6]。

[注释]

1 狎：轻忽，轻视。

2 桐：地名。桐宫，在汤的墓地建造的行宫。在今河南虞城县东北。

3 其：相当于“之”。

4 徂cú：往。

5 居忧：居于忧伤的环境。

6 终：成。允：诚信。

[译文]

太甲未能改变。伊尹对群臣说：“嗣王这样就是不义。习惯将会成性，我不能轻视不顺从教导的人。嗣王去桐宫守丧，使他亲近先王的教训，不让他终身迷误。”

嗣王去桐宫，处在忧伤的环境，能够成就诚信的美德。

以上第三段，记叙伊尹把太甲放逐到桐宫的事。

太甲中

惟三祀十有二月朔[1]，伊尹以冕服奉嗣王归于亳[2]。作书曰："民非后[3]，罔克胥匡以生[4]；后非民，罔以辟四方[5]。皇天眷佑有商，俾嗣王克终厥德，实万世无疆之休！"

[注释]

1 朔：阴历的每月初一。

2 冕：王冠、礼帽。

3 非：没有。《词诠》："非，无也。"

4 胥：互相。匡：救助。

5 辟：君。用作动词，治理的意思。

[译文]

三年十二月朔日，伊尹戴着礼帽穿着礼服迎接嗣王太甲回到亳都。作书告王说：“民众没有君王，不能互相匡正而生活；君王没有民众，无法治理四方。伟大的上天顾念佑助我们商家，使嗣王能成就君德，实在是商家万代无疆之美啊！”

以上第一段，伊尹迎回太甲，说明君臣互相依存的道理。

王拜手稽首，曰：“予小子不明于德，自厎不类。欲败度，纵败礼，以速戾于厥躬[1]。天作孽[2]，犹可违[3]；自作孽，不可逭[4]。既往背师保之训[5]，弗克于厥初；尚赖匡救之德，图惟厥终。”

[注释]

1 速：召。《尔雅 · 释言》：“速，征也。”“征，召也。”戾：罪。

2 孽：灾祸。

3 违：避免。《左传 · 成公十六年》：“有淖于前，乃皆左右相违于淖。”杜预注：“违，辟也。”“辟”是“避”的古字。

4 逭huàn：逃跑。

5 师保：古代辅导贵族子弟和协助帝王的官，有师有保，统称师保。

［译文］

嗣王拜跪叩头说："我小子不明于德行，自己招致不善。多欲就败坏法度，放纵就败坏礼节，因此给自身招来了罪过。上天造成的灾祸，还可躲避；自己造成的灾祸，不可逃脱。以前我违背师保的教训，当初不能反省自己；还望依靠您匡救的恩德，谋求我的好结局。"

以上第二段，太甲悔过之辞。

伊尹拜手稽首，曰："修厥身，允德协于下，惟明后。先王子惠困穷[1]，民服厥命，罔有不悦。并其有邦厥邻[2]，乃曰[3]：'徯我后，后来无罚。'王懋乃德，视乃烈祖[4]，无时豫怠[5]。奉先思孝，接下思恭[6]。视远惟明，听德惟聪。朕承王之休无斁[7]。"

［注释］

1 子：通"慈"。惠：爱。困穷：指贫穷困苦的人。

2 并：《词诠》："连也。"有：通"友"。有邦，即友邦。

3 乃：《词诠》："乃，如此也。"

4 视：效法。《广雅 · 释诂三》：“视，效也。”烈祖：有功之祖，指成汤。烈，原作“厥”，今从《书集传》。

5 时：顷刻。豫：安乐。《书集传》：“不可顷刻而逸豫怠惰也。”怠：懒惰。

6 接：接近。《仪礼 · 聘礼》：“公揖入，立于中庭，宾立接西塾。”郑玄：“接，犹近也。”

7 休：美善。斁yì：已，止。

[译文]

伊尹跪拜叩头，说：“修治自身，又用诚信的美德和谐臣下，就是明君。先王成汤对贫穷的人慈爱，民众服从他的教导，没有不喜悦的。连他的友邦和邻国，也这样说：‘等待我们的君主吧，我们的君主来了，就没有祸患了。’大王要勉力增进你的德行，效法你的烈祖，不可有片刻的安乐懈怠。侍奉先人，当思孝顺；接待臣下，当思谦恭。观察远方要眼明，顺从有德要耳聪。能够这样，我享受王的幸福就永无止境。”

以上第三段，伊尹勉励太甲效法先王，励精图治。

太甲下

伊尹申诰于王曰[1]："呜呼！惟天无亲[2]，克敬惟亲；民罔常怀[3]，怀于有仁；鬼神无常享[4]，享于克诚。天位艰哉[5]！

"德惟治，否德乱。与治同道[6]，罔不兴；与乱同事，罔不亡。终始慎厥与，惟明明后[7]。

"先王惟时懋敬厥德，克配上帝。今王嗣有令绪[8]，尚监兹哉！

[注释]

1 申：反复，再三。

2 无亲：谓无常亲，"常"字探下文而省。

3 怀：归。《孔传》："民所归无常。"《左传·成公八年》：“小国所望而怀也。”杜预注：“怀，归也。”

4 享：食，指享受祭祀。《国语》注：“享，食也。”引申为保佑的意思。

5 天位：大位，指天子之位。

6 与：指同事，共事的人。《周礼·大卜》“三曰与”注：“与，谓所与共事也。”

7 明明：《孔疏》：“重言明明，言其为大明耳。”

8 令：《诗经·大雅·卷阿》：“如圭如璋，令闻令望。”郑玄说：“令，善也。”绪：《诗经·鲁颂·閟宫》传：“绪，业也。”

[译文]

伊尹反复告诫王说：“啊！上天没有恒定的亲人，能敬天的，天就亲近；民众没有恒定归附的君王，能仁爱的，民众就归附；鬼神没有恒定的享食，只享食于能诚信的人。处在天子的位置很不容易呀！

“实行德政就治，不实行德政就乱。与治者办法相同，没有不兴盛的；与乱者办法相同，没有不灭亡的。自始至终都要谨慎选择共事的人，就是英明的君主。

“先王念及这些，努力敬修自己的德行，所以能够匹配上帝。现在我王继续享有好的基业，希望能认识到这一点呀！

以上第一段，伊尹勉励太甲努力修德，慎择贤能。

“若升高，必自下；若陟遐[1]，必自迩。无轻民事，惟艰；无安厥位，惟危。

慎终于始[2]！

“有言逆于汝心，必求诸道[3]；有言逊于汝志[4]，必求诸非道。

[注释]

1 陟：行。遐：远。

2 于：《经传释词》：“与也，连及之词。”

3 诸：之于。

4 逊：顺。

[译文]

“如果升高，一定要从下面开始；如果行远，一定要从近处开始。不要轻视民众的事务，要想到它的难处；不要安于君位，要想到它的危险。慎终要从开始就谨慎。

“有些话不顺你的心意，一定要从道义来考求；有些话顺从你的心意，一定要从不道义来考求。

“呜呼！弗虑胡获[1]？弗为胡成？一人元良[2]，万邦以贞[3]。君罔以辩言乱旧政，臣罔以宠利居成功。邦其永孚于休[4]。”

[注释]

1 胡：何，怎么。

2 一人：指天子。《孔疏》：“一则，天子自称一人，是为谦辞，言己是人中之一耳。一则，臣下谓天子为一人，是为尊称，言天下惟一人而已。”元：大。良：善。好。

3 万邦：天下。贞：纯正。《孔传》：“天子有大善，则天下得其正。”

4 孚：保。《说文解字注》：“古文以孚为保也。”

[译文]

“啊呀！不思考，怎么会有收获？不干事，怎么会有成功？天子大善，天下因此纯正。君王不要使用巧辩扰乱旧政，臣下不要凭仗骄宠和利禄而安居成功。这样，国家将永久保持美好。”

以上第二段，伊尹阐明行德的具体办法。

咸有一德

伊尹年老，将回私邑，恐太甲二三其德，就以一德勉励他。一德，谓纯一不杂之德。史官记录这件事，因篇中有“咸有一德”的话，所以便以“咸有一德”名篇。

《咸有一德》的核心是阐释纯一之德。夏桀无德就失天下，成汤、伊尹君臣具有纯一之德，就能拥有天下。伊尹告诫太甲勉行纯一之德，任用的大臣也要具备纯一之德。“一德”一词还见于《楚辞·天问》：“何圣人之一德，卒其异方？”东汉王逸注：“言文王仁圣，能纯一其德，则天下异方终皆归之也。”如此看来，释“一德”为“纯一之德”，起源甚早。

伊尹指出：“德无常师，主善为师。善无常主，协克于一。”这句话经宋儒发挥成为饱含义理的经典语句。蔡沈认为“德”与“善”是共性与个性的关系，善是德的基础，德是善的纲领。“德”的修炼要从把握具体的“善”开始，而在积累了对具体“善”的认识以后，就能够在千百种“善”中寻找共性，把握“德”之所在。落实在具体的学问方法上，就是要求由博而约，先广泛涉猎，之后再提炼精华。蔡沈最后认为，“一德”就是孔子所说的“吾道一以贯之”。宋儒的解释虽然未必符合经文原意，但是这种看似过度的解读能深化经学学理，提高人们的思想认识水平，具有重大意义。诠释是著作经典化的重要方式，可以说，如果没有诠释，也就没有经典。

“清华简”中有《尹诰》篇，篇题系整理者所加，该篇内容大致是说商汤灭夏以后，伊尹希望汤借鉴于夏之亡，安抚民众，这样才能获得民心。清华简《尹诰》与《史记》记载相合，或是真本《咸有一德》，可以参考。

伊尹既复政厥辟[1]，将告归[2]，乃陈戒于德。

[注释]

1 复：还给。辟：君。

2 告：请求。《国语 · 鲁语上》：“国有饥馑，卿出告籴。古之制也。”韦昭注：“告，请也。”归：回到自己的封地。

[译文]

伊尹已经把政权归还给太甲，将要告老回到他的私邑，于是陈述修德的事，（告诫太甲）。

曰："呜呼！天难谌[1]，命靡常。常厥德，保厥位；厥德匪常，九有以亡[2]。夏王弗克庸德，慢神虐民。皇天弗保，监于万方，启迪有命[3]，眷求一德，俾作神主[4]。惟尹躬暨汤咸有一德，克享天心[5]，受天明命，以有九有之师，爰革夏正[6]。非天私我有商，惟天佑于一德；非商求于下民，惟民归于一德。德惟一，动罔不吉；德二三[7]，动罔不凶。惟吉凶不僭[8]，在人；惟天降灾祥，在德！

[注释]

1 谌：信。

2 九有：九州。《诗经·商颂·长发》："莫遂莫达，九有九截。"郑玄注："无有能以德自遂达于天者，故天下归向汤，九州齐一截然。"

3 有：通"佑"，佑助。有命，帮助有天命的人。

4 神主：百神之主。

5 享：当，合。《孔传》："享，当也。"天心：天意。

6 爰：于是。革：更改。正zhēng：一年的开始。朔：一月的开始。古时改朝换代，新建立的王朝必须重新定正朔。夏朝建寅，商朝建丑。

7 二三：一时是二，一时是三，反复不定，不专一。

8 僭：差错。

[译文]

伊尹说："唉！上天难信，天命无常。经常修德，可以保持君位；不能经常修德，就会丧失九州。夏桀不能经常修德，怠慢神明，虐害民众。皇天不安，观察万方，开导佑助天命的人，眷念寻求纯德的君主，使他作为众神之主。只有我伊尹自己和成汤都有纯一之德，能合天心，接受上天的明教，因此拥有九州的民众，于是革除了夏王的虐政。这不是上天偏爱我们商家，而是上天佑助纯德的人；不是商家求请于民，而是人民归向纯德的人。德纯一，行动起来无不吉利；德不纯一，行动起来无不凶险。吉和凶不出差错，虽然在人；上天降灾降福，却在于德啊！

以上第一段，伊尹阐明人君当有纯一之德。

"今嗣王新服厥命[1]，惟新厥德；终始惟一，时乃日新。任官惟贤材，左右惟其人[2]。臣为上为德[3]，为下为民[4]；其难其慎[5]，惟和惟一[6]。德无常师，主善为师[7]；善无常主，协于克一[8]。俾万姓咸曰：‘大哉！王言。’又曰：‘一哉！王心。’克绥先王之禄[9]，永底烝民之生[10]。

［注释］

1 服：受，接受。《尔雅 · 释诂》：“服，事也。”

2 左右：指大臣。惟其人：指忠良的人。《孔传》：“选左右必忠良，不忠良，非其人。”

3 为：《战国策 · 魏策》注：“为，助也。”下“为”，《广雅 · 释诂》：“为，施也。”

4 为民：治理民众。《左传 · 昭公元年》注：“为，治也。”

5 其：尚、庶几，表祈使。《书集传》：“难者，难于任用。慎者，慎于听察。”

6 惟和惟一：惟，当。《书集传》：“和者，可否相济。一者，终始如一。”

7 主善：以善为主。《国语 · 周语》注：“主，正也。”

8 协于克一：协，合。克，能。一，纯一。《孔传》：“言以合于能一为常德。”

9 绥：安。禄：福禄。

10 底：安定。《尧典》“乃言底可绩”，马融注：

“底，定也。”烝：众。

［译文］

“现在嗣王新受天命，要更新自己的德行；始终如一而不间断，这样就会日新。任命官吏当用贤才，任用左右大臣当用忠良。大臣协助君上施行德政，协助下属治理人民；对他们要重视，要慎重，当和谐，当专一。德没有不变之法，要以主善为法；善没有不变的准则，要协合于能一。要使万姓都说：‘重要呀！君王的话。’又说：‘纯一呀！君王的心。’这样，就能安享先王的福禄，长久安定众民的生活。

以上第二段，伊尹勉励嗣王勤于修德，纯一其心。

“呜呼！七世之庙[1]，可以观德[2]；万夫之长，可以观政[3]。后非民罔使，民非后罔事[4]。无自广以狭人[5]，匹夫匹妇不获自尽[6]，民主罔与成厥功。”

［注释］

1 七世之庙：《礼记·王制》：“天子七庙，三昭三穆，与太祖之庙而七。”昭穆是指宗庙的辈次排列，太祖居中，二世、四世、六世，位于太祖的左方，称昭；三世、五世、七世位于太祖的右方，称穆。

2 可以观德：古代帝王七庙，对世次疏远的先祖，则依制迁去神主，供在祭祀远祖、始祖的远庙，但如果是有德的帝王则不迁。因此，七庙亲尽而庙不毁，就证明有德。

3 万夫之长，可以观政：《孔疏》：“万夫之长，能使其整齐，可以观知其善政也。”

4 事：《小尔雅·广诂》：“力也。”罔事，无处尽力。

5 无：通“毋”。广：宏大。狭人：小视人。小视人则不能尽人的心力。

6 匹夫匹妇：庶民百姓。自尽：自己尽其心意。

[译文]

“啊呀！供奉七世祖先的宗庙，可以看到功德；万夫的首长，可以看到行政才能。君王没有民众就无人任用，民众没有君王就无处尽力。不可自大而小视人，（小视人就不能人尽其力），平民百姓如果不得各尽其力，君王就得不到人和他一起建立功业。”

以上第三段，伊尹勉励嗣王依靠民众，尊重民众。

盘庚上

盘庚，成汤的第十世孙，商朝的第二十位君王。为了避免水患，抑制奢侈的恶习，盘庚决定把国都从奄（曲阜）迁往殷（安阳），遭到了臣民的反对。盘庚先后三次告喻臣民，终得迁徙，商国中兴。《史记·殷本纪》："百姓思盘庚，乃作《盘庚》三篇。"司马迁认为《盘庚》是小辛时的史官所追记，应当可信。范文澜《中国通史简编》指出："《盘庚》三篇是无可怀疑的商周遗文。"《盘庚》具有极高的殷商史史料价值。

盘庚迁殷，后世也称商为殷。"盘庚迁殷"是一个英明君主深思熟虑的审时度势，一个伟大的历史变革催生一个伟大的时代。伟大的时代必然推动社会的迅速发展，精神和物质生产的繁荣一定成为历史的必然。殷创造了辉煌的青铜文明，是中国青铜时代发展的巅峰时期;殷创造了最成熟系统的汉字——甲骨文，中国从此进入有文字记载的历史。

“盘庚迁殷”开启了“盘庚之政”。“盘庚之政”是上古时期最为著名的清明之政，中国王朝历史巅峰时期的“文景之治”“贞观之治”和“康乾盛世”都从“盘庚之政”中吸取了丰厚的政治营养。“盘庚迁殷”，一个中兴繁荣的王朝重现崛起，一个文明发达的大国出现在东方的地平线上。

《盘庚》造语古奥，唐代韩愈即言：“周诰殷盘，诘屈聱牙。”韩愈说的“殷盘”就是《盘庚》。唐代之于殷商相隔那么多年，唐人自然感到《盘庚》古奥，然而在殷商时代《盘庚》的语言还是算得上生动形象。盘庚的诰词多用比喻，全部是明喻，而且全部是说理性明喻，没有描写性明喻。说理性明喻与描写性明喻不同之处在于艺术魅力的智慧性。哲理深刻的比喻具有强大生命力，现代汉语中常用的成语就有好几条来源于《盘庚》，比如“洞若观火”“明若观火”源自《盘庚》的“予若观火”，“星星之火，可以燎原”源自《盘庚》的“若火之燎于原”。

盘庚迁于殷[1]。民不适有居[2]，率吁众慼出[3]，矢言[4]。曰：“我王来[5]，即爰宅于兹[6]，重我民，无尽刘[7]。不能胥匡以生，卜稽[8]，曰其如台[9]？先王有服，恪谨天命，

兹犹不常宁？不常厥邑，于今五邦[10]！今不承于古，罔知天之断命，矧曰其克从先王之烈？若颠木之有由蘖[11]，天其永我命于兹新邑[12]，绍复先王之大业，底绥四方。”

盘庚敩于民[13]，由乃在位以常旧服[14]，正法度。曰：“无或敢伏小人之攸箴[15]！”王命众[16]，悉至于廷。

［注释］

1 殷：今河南安阳。迁于殷：将迁于殷。句例与《甘誓》“大战于甘”相同。杨树达说：“此定计决迁之辞，实为未迁也。”

2 适：往。居：即“都”。《诗经·大雅·公刘》“豳居允荒”，《师虎簋》“王在杜居”，《蔡簋》“王在雒居”，《史记》“其有夏之居”，“营周居于雒邑”，“居”皆释为“都”。见杨树达说。

3 慼qī：当从《说文》引文作“戚”，指贵戚大臣。

4 矢：陈述。

5 我王：指南庚。《书经稗疏》卷三：“《盘庚》所谓我王来者，谓南庚来奄，非谓祖乙来耿也。”

6 爰：易，改。兹：这里，指奄。

7 刘：《尔雅·释诂》：“杀也。”

8 稽：考。卜稽，卜而考之。《周礼·大卜》：“国大迁，大师，则贞龟。”

9 曰：句首语气助词，无义。其：将。如台yí：如何，怎样。

10 五邦：杨树达说：“五邦，中丁迁嚣，一也；河亶甲迁相，二也；祖乙迁耿，三也；耿圮迁庇，四也；南庚迁奄，五也。中丁迁嚣，河亶甲迁相，祖乙居庇，南庚迁奄，并见古本《竹书纪年》，祖乙圮于耿，见《书序》。”

11 颠：倒仆。有yòu：《经传释词》：“犹‘又’也。”《说文解字注》：“古多假‘有’为‘又’字。”“有”修饰“由蘖”。由：倒木新生的枝条。蘖niè：树被砍伐后长出的新芽。

12 新邑：指奄。杨树达《尚书说》：“合计南庚、阳甲、盘庚三王居奄之时月，不过二十一二年，故殷民仍称奄为新邑也。”

13 斆xiào：教，开导。

14 由：《方言》：“正也。”乃：《经传释词》：“犹‘其’也。”

15 伏：凭借。见《西京赋》薛综注。攸：所。箴：规劝。小人所箴，即指上文所引不欲迁徙者之言。

16 众：群臣。王先谦说：“《经》言众，皆谓群臣。”

[译文]

盘庚将把都城迁到殷。臣民不愿去那里，相率呼吁一些贵戚大臣出来，向他们陈述意见。臣民说：“我们的君王迁来，既已改居在这奄都，是看重我们臣民，不使我们受到伤害。现在我们不能互相救助，以求生存，用龟卜稽考一下，将怎么样呢？先王有事，敬慎地遵从天命。这里还不能长久安宁吗？不能长久住在一个地方，到现在已经更换了五个国都了！现在不继承先王敬慎天命的传统，就不知道老天将断定的命运，更何况说能继承先王的事业呢？好像倒伏的树又长出了新的枝芽一样，老天将使我们的国运在这个新都奄邑延续下去，继续复兴先王的大业，安定天下。”

盘庚开导臣民，又教导在位的大臣遵守旧制、正视法度。他说：“不允许有人胆敢凭借小民的谏诫，反对迁都！”于是，王命令众人，都来到朝廷。

以上第一段，记叙殷民反对迁都的理由。

王若曰：“格，汝众，予告汝训汝。猷黜乃心[1]，无傲从康[2]。古我先王，亦惟图任旧人共政[3]。王播告之修[4]，不匿厥指[5]，王用丕钦。罔有逸言[6]，民用丕变。今汝聒聒[7]，起信险肤[8]，予弗知乃所讼。

[注释]

1 猷：《经传释词》卷一“犹”条：“《诗 · 陟岵》曰：‘犹来无止。’传曰：‘犹，可也。’字或作‘猷’，《尔雅》曰：‘猷，可也。’”黜：降。黜心，望群臣降心相从。

2 无：不要。傲：傲上。从康：从，追求。

3 旧人：长期在位的人。共政：共同管理政事。

4 播告：指教令。播告之修，即“修播告”，宾语前置。黄式三说：“谓修明王之教令也。”

5 指：通“旨”，意旨。

6 逸：《尔雅 · 释言》：“过也。”

7 聒聒guō：马融说：“拒善自用之意。”是说拒绝好意而自以为是。

8 起：兴起。信：通“申”，申说。肤：虚浮。

[译文]

王这样说：“来吧，你们各位，我要告诉你们，开导你们。可克制你们的私心，不要傲上求安。从前我们的先王，也只是谋求任用旧臣共同管理政事。他们施行先王的教令，不隐瞒教令的旨意，先王因此敬重他们。他们没有错误的言论，民众因此也发生大变化了，（服从教化了）。现在你们拒绝我的好意，自以为是，起来申说危害虚浮的言论，我不知道你们争辩的意图。

“非予自荒兹德，惟汝含德，不惕予一人[1]。予若观火，予亦拙谋作[2]，乃逸[3]。若网在纲，有条而不紊；若农服田[4]，力穑乃亦有秋[5]。汝克黜乃心[6]，施实德于民[7]，至于婚友[8]，丕乃敢大言汝有积德[9]。乃不畏戎毒于远迩[10]，惰农自安，不昏作劳[11]，不服田亩，越其罔有黍稷[12]。

［注释］

1 惕：《白虎通义》引作“施”。

2 亦：句中语气助词，无义。《经传释词》：亦，“在句中助语者，若《书·盘庚》曰：‘予亦拙谋作乃逸。’”谋作：谋划和劳作。

3 乃：则。逸：过错。

4 服：治，作。

5 穑：收获，泛指耕种。秋：收成。甲骨文义近，指秋天禾谷丰收。

6 心：特指傲慢之心。

7 实德：曾运乾说：“不迁为顺民之虚名，迁则为惠民之实德也。”

8 婚：姻亲，指亲戚。

9 丕乃：《词诠》："犹言于是。"

10 乃：若，如果。戎：大。毒，害。戎毒，指大水的灾害。

11 昬：加强。《尔雅·释诂》："昬，强也。"

12 越其：于是就。《经传释词》："越其，犹爰乃也。"黍、稷皆谷物名。其中"黍"也见于甲骨文。

［译文］

"并不是我自己放弃了任用旧人的美德，而是你们怀藏好意而不施予我。我对当前形势像看火一样地清楚，我如果不善于谋划和行动，那就错了。好像把网结在纲上，才能有条理而不紊乱；好像农民从事田间劳动，只有努力耕种，才会获得好收成。你们能克制私心，把实际的好处施给民众，以及于亲戚朋友，于是才敢扬言你们有积德，如果你们不担心将来或者眼前会出现大灾害，像懒惰的农民一样自求安逸，不努力操劳，不从事田间劳动，就会没有黍稷收获。

"汝不和吉言于百姓[1]，惟汝自生毒[2]，乃败祸奸宄[3]，以自灾于厥身。乃既先恶于民[4]，乃奉其恫[5]，汝悔身何及？相时憸民[6]，犹胥顾于箴言，其发有逸口[7]，矧予制乃短长之命[8]？汝曷弗告朕，而胥动以浮言，恐沈于众[9]？若火之燎于原，不可向迩，其犹可扑灭？则惟汝众自作弗靖[10]，非予有咎。”

[注释]

1 和：宣，宣布。俞樾说。

2 毒：祸害。

3 败：危败。祸：灾祸。奸：在外作恶。宄：在内作恶。

4 先：《礼记·郊特牲》注：“先谓倡导之也。”

5 奉：承受。恫：痛苦。《尔雅·释言》：“恫，痛也。”

6 相：看。憸民：《书集传》：“小民也。”杨树达说：“憸读为纤，细也。”

7 逸口：《书集传》：“过言也。”黄式三说：“小人犹顾畏箴言之来于人，逸口之发于己。”

8 制：掌握。短长之命：或短或长的生命。

9 沈：通“扰”。黄式三说：“沈、扰通。告言不正以惑之也。言恐吓扰惑乎众也。”

10 靖：善。

[译文]

“你们不向民众宣布我的善言，这是你们自生祸害，即将发生灾祸邪恶，是自己害自己。假若已经引导别人做了坏事，而又承受到那些痛苦，你们即使悔恨自己又怎么来得及？看看这些小民吧，他们尚且顾及规劝的话，顾及发出错误言论，何况我掌握着你们或短或长的生命呢？你们为什么不亲自告诉我，却用些无稽之谈互相鼓动，恐吓煽动民众呢？好像大火在原野上燃烧一样，人们无法向它靠近，那火还能够扑灭吗？这都是你们众人自己做了不好的事，不是我有过错。”

以上第二段，盘庚责备群臣不遵旧制，煽动民众反对迁都。

“迟任有言曰[1]：‘人惟求旧，器非求旧，惟新。’古我先王暨乃祖乃父胥及逸勤[2]，予敢动用非罚[3]？世选尔劳[4]，予不掩尔善。兹予大享于先王，尔祖其从与享之[5]。作福作灾，予亦不敢动用非德[6]。

[注释]

1 迟任：郑玄说：“迟任，古之贤史。”

2 暨：与，和。介词，甲骨文义同。

3 非罚：不当的惩罚。

4 选：《孔传》说：“数也。”谓数说。劳：劳绩。

5 从：跟从。尔祖其从与享之，古代天子祭祀祖先，也让功臣的祖先同时享受祭祀。

6 非德：不当的恩惠。

[译文]

“迟任说过：‘用人寻求旧臣，用器不求旧物，要新。’过去我们的先王同你们的祖辈父辈共同勤劳，共享安乐，我怎么敢对你们施行不恰当的刑罚呢？世世代代都会说到你们的功劳，我不会掩盖你们的嘉言善行。现在我要祭祀我们的先王，你们的祖先也将跟着享受祭祀。赐福降灾，我也不敢动用不恰当的赏赐或惩罚。

“予告汝于难[1]，若射之有志[2]。汝无侮老成人[3]，无弱孤有幼[4]。各长于厥居[5]，勉出乃力，听予一人之作猷[6]。无有远迩，用罪伐厥死[7]，用德彰厥善[8]。邦之臧[9]，惟汝众；邦之不臧，惟予一人有佚罚。

“凡尔众，其惟致告[10]：自今至于后日，各恭尔事，齐乃位[11]，度乃口[12]。罚及尔身，弗可悔。”

[注释]

1 于：介词，相当于“以”。见《词诠》。

2 志：箭靶。《尚书易解》：“此谓所射之标识。言予以艰难告汝矣，汝当如射之有标识，不可偏离。”

3 侮老：轻视。《唐石经》作“老侮”，《汉石经》作

“翕侮”，皆连文成“轻忽”义。

4 弱孤：王引之说：“弱孤连言，以为孤弱而轻忽之也。”有：助词，无义。

5 长：为长，为领导。厥居：居住的地方，指各自的封邑。

6 作猷：所作所谋。江声说：“作，为。猷，谋也。”

7 罪：刑罚。死：恶。说见《尚书易解》。

8 德：罪罚之反，奖赏。彰：表彰。

9 之：如果。《经传释词》：“之，犹‘若’也。《书·盘庚》曰：‘邦之臧，惟汝众；邦之不臧，惟予一人有佚罚。’言邦若臧、邦若不臧也。”

10 惟：思。致告：致，传达。

11 齐：正，摆正。位：职位。

12 度：通“敚”，闭也。度乃口：闭住你们的口。

[译文]

“我把困难的事告诉你们，要像射箭有箭靶一样，你们不能偏离我。你们不要轻视成年人，也不要看不起年幼的人。你们各人领导着自己的封地，要努力使出你们的力量，听从我一人的谋划。没有远和近的分别，我用刑罚惩处那些坏的，用赏赐表彰那些好的。国家治理得好，是你们众人的功劳；国家治理得不好，是我有过有罪。

“你们众人，要思考我告诫的话：从今以后，各人履行好你们的职责，摆正你们的位置，闭上你们的嘴巴，不许乱说。否则，惩罚到你们身上，可不要后悔。”

以上第三段，记盘庚对群臣申明赏罚。

盘庚中

盘庚作[1]，惟涉河以民迁[2]。乃话民之弗率[3]，诞告用亶[4]。其有众咸造[5]，勿亵在王庭[6]。盘庚乃登，进厥民[7]。

[注释]

1 作：立为君。与《易》“神农氏作”“黄帝尧舜氏作”同。黄式三说。

2 惟：《尔雅·释诂》：“谋也。”涉：渡。奄在河之南，殷在河之北，所以要渡河。以：率领。

3 话：会合。《说文·言部》：“话，会合善言也。”率：循。见《尔雅·释诂》。

4 诞：程度副词，大。亶：诚。

5 造：到。

6 匄褒：惴惴不安之貌。《尚书覈诂》：“匄褒，古成语。”

7 进：使人进前。

[译文]

盘庚做了君主，计划渡过黄河带领臣民迁移。于是，集合了那些不服从的臣民，用至诚的态度劝告他们。那些臣民都来了，在王庭惴惴不安。盘庚于是登上高处，招呼他们靠前一些。

曰：“明听朕言，无荒失朕命[1]！呜呼！古我前后[2]，罔不惟民之承保。后胥慼鲜[3]，以不浮于天时[4]。殷降大虐[5]，先王不怀厥攸作[6]，视民利用迁[7]。汝曷弗念我古后之闻？承汝俾汝惟喜康共[8]，非汝有咎比于罚[9]。予若吁怀兹新邑，亦惟汝故[10]，以丕从厥志[11]？

[注释]

1 失：通“佚”。《说文 · 人部》：“一曰佚，忽也。”轻忽。

2 后：《盘庚》有“古我前后”“我古后”“我先神后”“高后”“先后”，《诗经 · 商颂》有“商之先后”。郭沫若说：“典籍中用‘后’之例均限于先公先王，其存世者则称王而不称后。”

3 胥：古“谞”字。章太炎《文始》五：“凡古言谞者，今言清楚，或言清爽。”

4 以：因果连词。浮：《小尔雅·广言》：“罚也。”

5 殷：盛。降：下。谓天盛降。虐：灾。指洪水的灾害。

6 怀：安。攸作：所作，指所作之居邑。

7 用：以。目的连词。

8 俾：从。共：通“拱”，《广雅》：“拱，固也。”俞樾说。

9 非：反对。咎：过错。比：入，陷入。

10 惟：思念。故：灾祸，见《周礼·宫正》注。

11 厥志：先王保民之志。“亦惟”九字，是反问句，省略了“乎”字。

[译文]

盘庚说：“你们要听清楚我的话，不要忽视我的命令！啊！从前我们的先王，没有谁不想顺承和安定人民。君王清楚，大臣也明白，因此没有被天灾惩罚。从前上天盛降大灾，先王不安于自己所作的都邑，考察臣民的利益而迁徙。你们为什么不想想我们先王的这些传闻事迹呢？我顺从你们喜欢安乐和稳定的心愿，反对你们有灾难而陷入刑罚。我倘若呼吁你们安居在这个新都奄邑，难道也是顾念你们的灾祸，恪守先王保民之志吗？

以上第一段，盘庚说明迁都是继承先王保民的志愿。

“今予将试以汝迁，安定厥邦。汝不忧朕心之攸困，乃咸大不宣乃心[1]，钦念以忱动予一人[2]。尔惟自鞠自苦[3]，若乘舟，汝弗济，臭厥载[4]。尔忱不属[5]，惟胥以沉[6]。不其或稽[7]，自怒曷瘳[8]？汝不谋长以思乃灾，汝诞劝忧[9]。今其有今罔后[10]，汝何生在上？

“今予命汝一[11]，无起秽以自臭[12]，恐人倚乃身[13]，迂乃心[14]。予迓续乃命于天[15]，予岂汝威[16]，用奉畜汝众[17]。

[注释]

1 宣：孙星衍读为“和”，和协。

2 钦：甚。见《尚书易解》。忱：读为“扰”，不正的话。庄述祖说。

3 鞠：穷困。

4 臭：朽。《广雅》：“朽，败也。”

5 忱：诚。属：合。《礼记·经解》注：“属，犹合也。”

6 胥以：相与。

7 或：克。稽：当依汉石经作“迪”，进也。不其或迪，言不能前进。

8 曷：何，怎么。瘳chōu：病好了。

9 劝：《吕览·适威》注：“乐也。”

10 其：《词诠》：“时间副词，将也。”罔：无。无后，言将死亡。“有今”与“罔后”构成并列。

11 一：同心一志。

12 起秽：扬起污秽，比喻传播谣言。

13 倚：偏斜。

14 迂：邪，歪斜。迂乃心，使你们思想歪斜。

15 迓：《匡谬正俗》引作“御”。《曲礼》注：“劝侑曰御。”这里是劝请的意思。

16 汝威：即“威汝”，宾语前置。

17 用：目的连词，以。奉：助。

[译文]

“现在我打算率领你们迁移，使国家安定。你们不忧虑我内心的困苦，你们的内心竟然都很不和顺，很想用些错误的话来动摇我。你们自己走投无路，自寻烦恼，譬如坐在船上，你们不渡过去，将会使船上装载之物朽败。你们诚心不合作，那就只有一起沉下去。不能协同一致，只是自己怨怒，又有什么好处呢？你们不作长久打算，不想想灾害，你们普遍在忧患的时候寻求安乐。这样下去，将会有今天而没有明天了，你们怎么能生活在这个世上呢？

“现在我命令你们同心同德，不要传播谣言来败坏自己，恐怕有人会使你们的身子不正，使你们心地歪邪。我向上天劝说延续你们的生命，我怎么会虐待你们，我是要帮助你们，养育你们众人。

以上第二段，盘庚说明迁都是为了拯救臣民，安定国家。

“予念我先神后之劳尔先[1]，予丕克羞尔用怀尔[2]，然失于政，陈于兹[3]，高后丕乃崇降罪疾[4]，曰：‘曷虐朕民？’汝万民乃不生生[5]，暨予一人猷同心[6]，先后丕降与汝罪疾，曰：‘曷不暨朕幼孙有比[7]？”故有爽德[8]，自上其罚汝，汝罔能迪[9]。

“古我先后既劳乃祖乃父，汝共作我畜民，汝有戕则在乃心[10]！我先后绥乃祖乃父，乃祖乃父乃断弃汝，不救乃死。兹予有乱政同位，具乃贝玉。乃祖乃父丕乃告我高后曰：‘作丕刑于朕孙！’迪高后丕乃崇降弗祥。

［注释］

1 神后：神圣的君主。

2 丕：当依汉石经作“不”。用：目的连词，以。羞：进也。羞尔，使你们前进。《周礼·天官·笾人》：“凡祭祀，共其笾荐羞之实。”郑注：“荐、羞，皆进也。”曾运乾说：“羞尔，犹今言贡献意见于你也。”

3 陈：居处。《周礼·内宰》注：“陈，犹处也。”

4 丕乃：于是就。崇：《尚书今古注疏》：“崇者，《释诂》云：‘重也。’”

5 乃：若。连词，表假设关系。生生：《庄子·大宗师》“生生者不生”崔注：“常营其生为生生。”孙星衍说。

6 暨：介词，表示参与同一动作者。猷：谋求。

7 幼孙：盘庚自指。有比：亲近。

8 爽：差错。

9 迪：读为“攸”，长也。孙星衍说。

10 有：又。戕：残害。则：通“贼”，害。

[译文]

“我想到我们神圣的先王曾经烦劳你们祖先，我才把使你们安定的意见贡献给你们，然而耽误政事，长久居住在这里，先王就会重重地降下罪疾，问道：‘为什么虐待我的臣民？’你们万民如果不去谋生，不和我同心同德，先王也会对你们降下罪责，问道：‘为什么不同我的幼孙亲近友好？’因此，有了过错，上天就将惩罚你们，你们不能长久。

“从前我们的先王已经烦劳你们的祖先和父辈，你们都作为我养育的臣民，你们内心却又怀着恶念！我们的先王将会告诉你们的祖先和父辈，你们的祖先和父辈就会断然抛弃你们，不会挽救你们免于死亡。现在我有扰乱政事的大臣，聚集财物。你们的祖先和父辈于是就会告诉我们的先王说：‘对我们的子孙用大刑吧！’于是，先王就会重重地降下刑罚。

以上第三段，盘庚说明君王臣民离心失德，将受到先祖的惩罚。

“呜呼！今予告汝：不易！永敬大恤[1]，无胥绝远[2]！汝分猷念以相从[3]，各设中于乃心。乃有不吉不迪，颠越不恭，暂遇奸宄[4]，我乃劓殄灭之[5]，无遗育[6]，无俾易种于兹新邑[7]。

“往哉生生！今予将试以汝迁，永建乃家。”

[注释]

1 敬：警，警诫。庄述祖说：“敬当读‘儆’，戒也。”恤：忧患。

2 胥：相。绝远：隔绝疏远。

3 分：《文选·神女赋》："含然诺其不分兮，喟扬音而哀叹。"李善注："分，当也。"相：偏指副词，我。"相从"即"从相"，"顺从我"。

4 暂：王引之读为"渐"，欺诈。遇：王引之读为"隅"，奸邪。

5 劓：同"剿"。《广雅·释诂》："剿，断也。"殄：灭绝。

6 育：王引之读为"胄"，后代。

7 俾：使。易：王引之说："易，延也。"种：种族。

[译文]

"啊！现在我告诉你们：不要轻举妄动！要永远警惕大的忧患，不要互相疏远！你们应当考虑顺从我，各人心里都要和和善善。假如有人不善良，不走正道，违法不恭，欺诈奸邪，胡作非为，我就要断绝消灭他们，不留他们的后代，不让他们在这个新都邑里延续种族。

"去吧，去谋生吧！现在我将率领你们迁徙，永久建立你们的家园。"

以上第四段，盘庚发布禁令。

盘庚下

盘庚既迁，奠厥攸居，乃正厥位，绥爰有众[1]。

曰："无戏怠，懋建大命[2]！今予其敷心腹肾肠，历告尔百姓于朕志[3]。罔罪尔众，尔无共怒，协比谗言予一人。

［注释］

1 绥：告诉。爰：于。

2 建：布告。《周礼·天官·小宰》"掌建邦之宫刑"，郑注："建，明布告之。"

3 历：数说。百姓：百官。于：以。

[译文]

盘庚迁都以后，安定好居所，才决定宗庙朝廷的位置，然后告诫众人。

盘庚说："不要戏乐、懒惰，努力传达我的教命吧！现在我将披肝沥胆把我的意思告诉你们各位官员。我不会惩罚你们，你们也不要一起发怒，联合起来，毁谤我一个人。

"古我先王将多于前功[1]，适于山。用降我凶，德嘉绩于朕邦[2]。今我民用荡析离居[3]，罔有定极[4]，尔谓朕曷震动万民以迁！肆上帝将复我高祖之德[5]，乱越我家[6]。朕及笃敬[7]，恭承民命，用永地于新邑[8]。肆予冲人[9]，非废厥谋，吊由灵各[10]；非敢违卜，用宏兹贲[11]。

[注释]

1 将：《广雅疏证》："欲也。"多：读为"侈"，光大。吴汝纶说。前功：前人的功劳。

2 德：《说文·彳部》："升也。"

3 用：介词，介引动作行为发生的原因。荡析：荡泆。段玉裁说："荡泆者，动荡奔突而出。"

4 极：止。

5 肆：《尔雅·释诂》："今也。"

6 乱：治理。越：《经传释词》："粤，于也。字亦作

‘越’。”

7 及：情态副词，汲汲。见《公羊传·隐公元年》。笃：情态副词，笃厚地。

8 用：率领，见《词诠》。永地：永久居住。“地”字用作动词。

9 肆：故，因果连词。冲人：年幼的人，盘庚自指，与“予小子”意义相近。

10 吊：善。灵：神，指上帝。各：读为格，《仓颉篇》：“格，量度也。”吊由灵各，谓善用上帝的谋度。见《尚书易解》。

11 用：目的连词，以。宏：通“弘”，弘扬。贲：美。

[译文]

“从前我们的先王想光大前人的功业，迁往山地。因此减少了洪水给我们的灾祸，在我国建立了大功。现在我们的臣民由于洪水动荡奔腾而流离失所，没有固定的住处，你们反而问我为什么要惊动众人而迁徙！现在上帝要兴复我们高祖的美德，光大我们的国家。我急切、笃实、恭谨，奉命延续你们的生命，率领你们长远居住在新都。所以我这个年轻人，不是废弃你们的谋划，是要善于遵行上帝的谋度；不是敢于违背卜兆，是要发扬光大上帝这一美好的指示。

以上第一段，解除臣民的疑惧心理。

“呜呼！邦伯师长百执事之人[1]，尚皆隐哉[2]！予其懋简相尔念敬我众[3]。朕不肩好货[4]，敢恭生生[5]。鞠人谋人之保居[6]，叙钦。今我既羞告尔于朕志若否[7]，罔有弗钦！无总于货宝[8]，生生自庸[9]！式敷民德，永肩一心[10]！”

[注释]

1 邦伯：邦国之长，指诸侯。师长：众位官长。百执事：执行政事的众位官员。

2 尚：庶几，表祈使。隐：考虑。《广雅·释诂》：“隐，度也。”

3 其：时间副词，将。懋：勉力。简相：简，阅。相：视。简相，视察。

4 肩：任用。好货：喜好财货的官吏。

5 恭：举用。生生：营生的人。

6 鞠：养，抚养。保：安。

7 羞：进。参《盘庚中》“予丕克羞尔用怀尔”。于：以。若否：顺与否。

8 总：聚敛。于：介词，介引动作行为的对象。

9 庸：功，谓建功。

10 肩：克，能够。

［译文］

“啊！各位诸侯、各位官长以及全体官员，你们都要考虑考虑啊！我将要尽力考察你们惦念尊重民众的情况。我不会任用贪财的人，只任用经营民生的人。对于那些能养育民众并能谋求他们安居的人，我将依次敬重他们。现在我已经把我心里的好恶告诉你们了，不要不敬慎的！不要聚敛财宝，要经营民生以自立功勋！应当把恩惠施给民众，永远能够与民众同心！”

以上第二段，告诫官员体恤民情，重视民生。

说命上

说yuè，即傅说，殷商武丁时期的贤臣。说命，即命说，主要内容是商王武丁任命傅说为相的命辞。

《说命》三篇蕴含丰富的教育思想。傅说认为教育的根本目的是“时惟建事”，引导人们建功立业。武丁认为教育的主要内容是德行教育，“尔惟训于朕志”，《礼记·大学》的开篇也以“明明德”为“大学”第一要义。《说命》三篇还提出了很多具体的教学原则。诸如，善学他人，从善如流，“惟木从绳则正，后从谏则圣。”《礼记·学记》也强调“独学而无友，则孤陋而寡闻”；谦虚好学，专心致志，“惟学逊志，务时敏，厥修乃来”；教学相长，“惟敩学半”；信而好古，“事不师古，以克永世，匪说攸闻”。更为重要的是在《说命中》提倡“知行合一”的教育认知实践："非知之艰，行之惟艰。"影响深远。

清华简中也有《说命》三篇，内容与今传本多异。

王宅忧[1]，亮阴三祀[2]。既免丧[3]，其惟弗言[4]。群臣咸谏于王曰："呜呼！知之曰明哲，明哲实作则[5]。天子惟君万邦，百官承式[6]。王言惟作命，不言，臣下罔攸禀令。"

王庸作书以诰曰[7]："以台正于四方[8]，惟恐德弗类[9]，兹故弗言。恭默思道，梦帝赉予良弼[10]，其代予言。"乃审厥象[11]，俾以形旁求于天下[12]。说筑傅岩之野[13]，惟肖[14]。爰立作相[15]，王置诸其左右[16]。

［注释］

1 王：指武丁。忧：指父丧。武丁居父亲小乙之丧。

2 亮阴：信默。马融说："亮，信也。阴，默也。为听于冢宰，信默而不言。"祀：年。

3 免丧：居丧期满。

4 其惟弗言：《孔传》："犹不言政。"

5 明哲：明智，通晓事理。哲，聪明有才能。则：法则。

6 式：法式，法令。

7 庸：用，因此。

8 台yí：我。正：表正。作为仪表、法式。

9 类：善。《诗经·大雅·皇矣》：“克明克类，克长克君。”郑玄说：“类，善也。”

10 赉lài：与。良弼：贤良的辅臣。

11 审：详细。厥象：梦中人的形象。

12 旁求：四处寻求。旁，普遍。

13 筑：捣土使之坚实。《孟子·告子下》：“舜发于畎亩之中，傅说举于版筑之间。”版筑就是筑墙时用两板相夹，中间放泥土，用杵舂实。筑就是捣土的杵。傅岩：地名。《孔传》：“傅氏之岩，在虞、虢之界。”按，虞，今山西平陆县一带；虢，今河南三门峡市陕州区一带。

14 肖：《孔传》：“似。似所梦之形。”

15 爰：于是。立：登上某一地位。

16 诸：之于。

[译文]

高宗为父亲守丧，信任冢宰默默不言，已经三年。居丧期满以后，他还是不问政事。群臣都向王进谏说：“啊！通晓事理叫作明哲，明哲的人实可制定法则。天子统治万邦，百官尊承法式。王的话就是教命，王不发话，臣下就无从接受教命。”

王因而作书告谕群臣说：“要我做四方的表率，我唯恐德行不好，所以不发言。我恭敬沉默思考治国的办法，梦见上帝赐给我一位贤良的辅佐，他将代替我发言。”于是详细画出了那个人的形像，派人拿着图像在全国各地到处寻找。傅说在傅岩郊野捣筑土墙，同图像相似。于是立傅说为相，商王把他安排在自己身边。

以上第一段，叙述武丁请傅说为相的经过。

命之曰[1]：“朝夕纳诲[2]，以辅台德！若金[3]，用汝作砺[4]；若济巨川，用汝作舟楫；若岁大旱，用汝作霖雨[5]。启乃心，沃朕心[6]！若药弗瞑眩[7]，厥疾弗瘳[8]；若跣弗视地[9]，厥足用伤。惟暨乃僚，罔不同心，以匡乃辟，俾率先王，迪我高后[10]，以康兆民。

“呜呼！钦予时命[11]，其惟有终[12]！”

［注释］

1 命：任命官吏时发布的政令。《书集传》：“后世命官制词，其原盖出于此。”

2 纳诲：进赐教诲之言。《书集传》：“朝夕纳诲者，无时不进善言也。”

3 金：金属工具，指铁器。

4 砺：磨石。《孔传》：“铁须砺以成利器。”《荀子·劝学》：“金就砺则利。”

5 霖：连续三天的雨。《孔传》："霖，三日雨，霖以救旱。"

6 沃：灌溉、滋润。

7 瞑mián眩xuàn：服了药物，使眼睛昏花，形容药物猛烈。《孔疏》："瞑眩者，令人愤闷之意也。《方言》云：'凡饮药而毒，东齐海岱间或谓之瞑，或谓之眩。'"

8 瘳chōu：病好了。

9 跣xiǎn：赤脚。

10 迪：蹈，踏。这里作"追随"解。高后：指成汤。

11 予：我的。时：通"是"，这。

12 其：表祈使。表示期望的语气助词。惟：思，考虑。有：取得。《玉篇》："有，得也，取也。"终：成。

[译文]

王命令傅说："你要早晚进谏，以帮助我修德。比如打制铁器，要用你作磨石；比如渡大河，要用你作船和桨；比如年岁大旱，要用你作霖雨。敞开你的心泉来灌溉我的心吧！比如药物不猛烈，疾病就不会好，比如赤脚而不看路，脚因此会受伤。希望你和你的同僚，无不同心来匡正你的君主，使我依从先王，追随成汤，来安定天下的人民。

"啊！谨遵我的这个命令，希望你取得成功！"

以上第二段，记载武丁任命傅说为相的命辞。

说复于王曰：“惟木从绳则正[1]，后从谏则圣。后克圣，臣不命其承[2]，畴敢不祗若王之休命[3]？”

[注释]

1 绳：指木工的绳墨。

2 承：承意。《孔传》：“君能受谏，则臣不待命其承意而谏之。”

3 畴：谁。祗：敬。若：顺。休：美好。

[译文]

傅说答复王说：“木依从绳墨砍削就会正直，君王依从谏言行事就会圣明。君王能够圣明受谏，臣下不待教命犹将承意进谏，谁敢不恭敬顺从我王的美好教导呢？”

以上第三段，记傅说答武丁之辞。

说命中

惟说命总百官[1]，乃进于王曰："呜呼！明王奉若天道，建邦设都[2]，树后王君公[3]，承以大夫师长[4]，不惟逸豫，惟以乱民[5]。惟天聪明，惟圣时宪[6]，惟臣钦若，惟民从乂。惟口起羞[7]，惟甲胄起戎[8]，惟衣裳在笥[9]，惟干戈省厥躬[10]。王惟戒兹！允兹克明，乃罔不休。

［注释］

1 命：受命。总百官：总理百官之职，指在冢宰之位。

2 邦：指王国和邦国。王国，天子建立的国家。邦国，诸侯的封国。都：天子建立的帝都和诸侯建立的国都。

3 后王：天子。君公：诸侯。

4 承：佐。《左传·哀公十八年》注："承，佐也。"

大夫师长：臣。《孔疏》：“周礼立官多以师为名。师者，众所法，亦是长之义也。大夫以下分职不同，每官各有其长，故以师长言之。”

5 乱：治理。

6 时：通“是”，代词。宪：法，效法。

7 口：这里指随意发号施令。起：引起，招来。羞：羞辱。

8 甲：铠甲。胄：首铠。戎：戎兵，战争。惟甲胄起戎，言不可轻易用兵。

9 笥：箱子。在笥，言不用来奖给功臣。

10 干戈：当谓干戈在库。省：《经典释文》：“一本作眚。”眚，灾祸、伤害。“惟衣裳在笥，惟干戈省厥躬”两句互文见义，等于说“惟衣裳在笥省厥躬，惟干戈在库省厥躬”。

[译文]

傅说接受王命总理百官，于是向王进言说：“啊！古代明王承顺天道，建立邦国，设置都城，树立天子君公，又以大夫众长辅佐他们，这不是为了逸乐，而是用来治理人民。上天聪明公正，圣王效法它，臣下敬顺它，民众就能顺从治理了。轻易发号施令会招致羞辱；随易动用军队会引起战争；衣裳放在箱子里不用来奖励，会损害自己；干戈藏在府库里不用来讨伐，会伤害自身。王应该警戒这些！如果真能明白这些道理，王政就无不美好了。

以上第一段，傅说阐述治民要道。

“惟治乱在庶官。官不及私昵，惟其能；爵罔及恶德[1]，惟其贤。虑善以动，动惟厥时。有其善[2]，丧厥善；矜其能，丧厥功。惟事事[3]，及其有备，有备无患。无启宠纳侮[4]，无耻过作非[5]。惟厥攸居[6]，政事惟醇[7]。

“黩于祭祀[8]，时谓弗钦。礼烦则乱，事神则难。”

[注释]

1 爵：爵位。《礼记·王制》：“王者之制禄爵，公侯伯子男凡五等。”公侯伯子男是天子赐给诸侯的爵位。这里是指帝王赐给朝廷官员的爵位，即公、卿、大夫、士等。恶德：指品德不好的人。

2 有其善：自己认为很好。

3 事事：动宾结构，做事情。前一个“事”，作动词；后一个“事”，作名词。

4 宠：宠幸。纳：受。侮：侮辱。《孔传》：“开宠非其人，则纳侮之道。”

5 耻过：以过错为耻。非：与“过”互文，亦指“过错”。

6 攸：所。居：居止。行为举止。

7 醇：通“纯”。纯粹，完美。

8 黩：轻忽，轻慢。《公羊传·桓公八年》：“（祭）亟则黩，黩则不敬。君子之祭也，敬而不黩。”何休注：“黩，渫黩也。”渫黩，后写作“亵渎”。

［译文］

“国家的治乱取决于众官。官职不可授予偏爱亲近的人，应当授予那些能人；爵位不可赐给品行不端的人，应当赐给那些贤人。考虑妥善而后行动，行动应当把握好时机。夸耀自己良善，就会失掉良善；夸耀自己能干，就会失去事功。做事情，要有准备，有准备才没有后患。不要开宠幸的途径而受侮辱；不要以改过为耻而形成大过。如果这样思考行为举止，政事就会完美。

“轻慢对待祭祀，这叫不敬。祭礼烦琐就会紊乱，这样，事奉鬼神就难了。”

王曰：“旨哉[1]！说。乃言惟服。乃不良于言，予罔闻于行[2]。”

说拜稽首，曰：“非知之艰，行之惟艰。王忱不艰[3]，允协于先王成德[4]，惟说不言，有厥咎。”

[注释]

1 旨：美。《诗经 · 小雅 · 頍弁》：“尔酒既旨，尔殽既嘉。”郑玄说：“旨、嘉皆美也。”

2 闻：当训为“勉”。“闻”的古文从昏得声，《西京赋》薛综注：“昏，勉也。”

3 忱：诚，信。

4 成德：盛德。《释名》：“成，盛也。”

[译文]

王说：“好呀！傅说。你的话应当实行。你如果不善于进言，我就不能勉力去做了。”傅说跪拜叩头，说道：“不是知道它艰难，而是实行它很难。王诚心不以实行为难，就真正合于先王的盛德；我傅说如果不进言，就有罪过了。”

以上第二段，傅说和武丁谈论知行关系，互相勉励。

说命下

王曰："来！汝说。台小子旧学于甘盘[1]，既乃遯于荒野[2]，入宅于河[3]，自河徂亳，暨厥终罔显[4]。尔惟训于朕志[5]，若作酒醴，尔惟麴糵[6]；若作和羹[7]，尔惟盐梅[8]。尔交修予[9]，罔予弃[10]；予惟克迈乃训[11]。"

[注释]

1 甘盘：殷商贤臣。《孔传》："甘盘，殷贤臣，有道德者。"《君奭》篇中，周公景仰殷商时的贤臣，把武丁时的甘盘，与成汤的伊尹、太甲的保衡、太戊的伊陟、祖乙的巫贤等相提并论，可见甘盘是武丁时的功臣。

2 遯：巡，出巡。见《匡谬正俗》。

3 河：河洲。《孔传》："其父欲使高宗知民之艰苦，故使居民间。”徂：往。亳：亳邑，商的国都。

4 暨：到。《国语·周语中》：“上求不暨，是其外利也。”韦昭注：“暨，至也。”显：明显。这里指品德、学业没有明显的进展。

5 训：《广雅·释诂》：“顺也。”

6 麴qū蘖niè：酿酒的发酵剂，今称酒药子，用某种霉菌和大麦、大豆、麸皮等制成。

7 和羹：五味调和的羹汤。《孔传》：“盐，咸；梅，醋。羹须咸醋以和之。”

8 梅：青梅，有酸味，可作调味品。

9 交：多次。《孔传》：“交，非一之义。”脩：通“修”，治。《孔疏》：“尔交脩予，令其交更脩治己也。”

10 罔予弃：宾语前置句，即“罔弃予”。

11 迈：行，履行。

[译文]

王说：“来呀！你傅说。我旧时候向甘盘学习过，不久就出巡到荒野，入居于河洲，又从河洲回到亳都，到后来学习没有显著进展。你应当顺从我想学习的志愿，比如作甜酒，你就做麴和蘖；比如作羹汤，你就做盐和梅。你要多方指导我，不要厌弃我；我一定能够履行你的教导。”

说曰："王！人求多闻，时惟建事。学于古训乃有获；事不师古，以克永世，匪说攸闻[1]。惟学逊志[2]，务时敏[3]，厥脩乃来[4]。允怀于兹，道积于厥躬[5]。惟斅学半[6]，念终始典于学[7]，厥德脩罔觉[8]。监于先王成宪[9]，其永无愆。惟说式克钦承[10]，旁招俊乂，列于庶位。"

［注释］

1 匪：通"非"。攸：所。闻：《广雅·释诂》："知也。"

2 逊志：言谦逊其志。志：心意。

3 务：致力，追求。时敏：时时努力。

4 来：通"徕"，伸展，增长。《广雅·释诂》："徕，伸也。"

5 允：相信。躬：自身。

6 斅xiào：教。《孔传》："斅，教也。教然后知所困，是学之半。"

7 典：常。《书集传》："一念终始，常在于学，无少间断。"

8 罔觉：不觉得。自己没有感觉到。

9 监：通"鉴"，借鉴。成宪：现成的法度。

10 式：用，因。

[译文]

傅说说："王！人们要求增多知识，这是想建立事业。学习古训才会有收获；建立事业不效法古训，而能长治久安的，我傅说没有听说过。学习要心志谦逊，务必时刻努力，所学才能增长。相信和记住这些，治道在自己身上将积累增多。教人是学习的一半，自始至终念念不忘学习，德行就会不知不觉增长。借鉴先王的成法，将永久没有失误，我傅说因此能够敬承你的意旨，广求贤俊，把他们安排在各种职位上。"

以上第一段，傅说与高宗讨论学习问题。

王曰："呜呼！说。四海之内咸仰朕德，时乃风[1]。股肱惟人[2]，良臣惟圣。

昔先正保衡作我先王[3]，乃曰：'予弗克俾厥后惟尧舜[4]，其心愧耻，若挞于市[5]。'

一夫不获[6]，则曰：'时予之辜。'佑我烈祖[7]，格于皇天[8]。尔尚明保予[9]，罔俾阿衡专美有商。惟后非贤不乂，惟贤非后不食[10]。其尔克绍乃辟于先王，永绥民。"

说拜稽首，曰："敢对扬天子之休命[11]！"

[注释]

1 风：教化。《孔传》：“风，教也。”

2 股肱：股，指足。肱，指手。《孔传》：“手足具乃成人，有良臣乃成圣。”

3 正：《尔雅 · 释诂》：“长也。”这里指长官。保衡：指伊尹。《孔疏》：“保衡、阿衡，俱伊尹也。《君奭》传曰：‘伊尹为保衡，言天下所取安，所取平。’”作：兴起。这里用为使动词，使兴起的意思。

4 俾：使。后：君王。这里指成汤。

5 挞：鞭打。市：指闹市。

6 一夫：一人。获：这里指得到妥善的安置。不获，不得其所。

7 烈：功业。烈祖，有功业之祖，指成汤。

8 格：通“假”，嘉许，赞美。皇：《尔雅 · 释诂》：“大也。”

9 尚：表示希望、祈求的副词。明：勉力。

10 食：用，录用。《易象下传》：“井泥不食。”虞翻注：“食，用也。”

11 对扬：报答，弘扬。《孔传》：“对，答也。答受美命而称扬之。”

[译文]

王说："啊！傅说。天下的人都敬仰我的德行，是你的教化所致。手足完备就成其为人，良臣具备就成就圣君。从前先正伊尹使我的先王兴起，他这样说：'我不能使我的君王做尧舜，我内心惭愧耻辱，好比在闹市受到鞭打一样。'如果有一人不得其所，他就说：'这是我的罪过。'他辅助我的烈祖成汤受到皇天赞美。你要勉力扶持我，不要让伊尹专美于我商家！君王得不到贤人就不会治理，贤人得不到君王就不会被录用。你要能让你的君王继承先王，长久安定人民。"

傅说跪拜叩头，说："请让我报答、宣扬天子的美好教导！"

以上第二段，高宗勉励傅说效法伊尹。

高宗肜日

殷高宗武丁在又祭成汤的时候，忽见一只野鸡飞到鼎耳上鸣叫，恐惧不安，大臣祖己趁机开导武丁改革祭祀制度。史官记录了这件事，名叫《高宗肜日》。

《高宗肜日》反映了殷人的祖先崇拜和图腾崇拜。《诗经·商颂·玄鸟》说："天命玄鸟，降而生商。"相传简狄吞食燕卵而生下商的始祖契，所以殷人把燕子作为氏族图腾，并且崇拜各种飞禽，认为它们能够带来上天的旨意。甲骨卜辞里有"于帝史凤，二犬"的记载，郭沫若释为："盖视凤为天帝之使，而祀之以二犬。"在隆重的祭典上，野鸡飞上祭器鸣叫，也许是在传达上天或者祖先的责难，所以武丁感到大祸临头。

图腾崇拜曾是世界上氏族时期普遍存在的一种宗教信

仰。先民们相信每个氏族都与某种物质有着特殊的关系，他们把这种物质作为本氏族的标志和保护神，作为自己的祖先和神灵顶礼膜拜。最早的图腾是单一图腾，后来衍化为多种动物特征的综合图腾，汉民族至今喜欢龙凤，与先民们的远古图腾崇拜有关。《高宗肜日》反映的祖先崇拜和图腾崇拜对于我们研究宗教史和民俗史有重要的参考价值。

《高宗肜日》还体现了“王司敬民，罔非天胤，典祀无丰于昵”的民本思想，郭沫若《青铜时代》认为殷时不可能有民本思想，因为“卜辞中没有见到‘民’字以及从‘民’的字”。

高宗肜日[1]，越有雊雉[2]。祖己曰[3]：“惟先格王[4]，正厥事[5]。”乃训于王。

［注释］

1 肜：《尔雅·释天》：“绎，又祭也。周曰绎，商曰肜，夏曰复胙。”

2 越：句首语气助词。雊gòu：野鸡叫。雉：野鸡。

3 祖己：武丁的贤臣。

4 格：《汉书·五行志》引作“假”。假，通“暇”，宽暇，宽解。《史记·殷本纪》作“王勿忧，先修政事”。孙星衍说：“史公云‘王勿忧’者，疑释‘假王’为宽假王心。”

5 正：纠正。事：政事，指祭祀之事。

[译文]

高宗又祭成汤的那一天，有一只野鸡飞到祭祀用的鼎耳上鸣叫。祖己说：“要先宽解君王的心，然后纠正他祭祀的事。”于是开导武丁。

以上第一段，史官记事之辞，说明祖己劝导武丁的缘由。

曰：“惟天监下民[1]，典厥义[2]。降年有永有不永，非天夭民，民中绝命[3]。民有不若德[4]，不听罪[5]。天既孚命正厥德[6]，乃曰：‘其如台[7]？’

“呜呼！王司敬民[8]，罔非天胤[9]，典祀无丰于昵[10]！”

[注释]

1 监：视。

2 典：通“腆”，善，以为善。义：宜，指行事合宜。《淮南子·齐俗训》：“义者，循理而行宜也。”

3 中：身，自己。《礼记·檀弓下》“文子其中退然如不胜衣”注：“中，身也。”

4 若：《尔雅·释诂》："善也。"

5 听：顺从。

6 孚：《汉石经》《汉书·孔光传》都作"付"，交付，给予。

7 其：时间副词，表将来时间。如台yí：如何。

8 王：泛指先王。司：嗣，嗣位。

9 胤：后代。此句为双重否定判断句。"罔非"表示双重否定。

10 典：常。昵：近亲。《孔传》："昵，近也。祭祀有常，不当特丰于近庙。"

［译文］

祖己说："上天监视下民，赞美他们合宜行事。上天赐给人的年寿有长有短，并不是上天使人夭折，而是有些人自己断绝自己的性命。有些人有不好的品德，有不顺从天意的罪过。上天已经发出命令纠正他们不好的品行，您说：'要怎么样呢？'

"啊！先王继承帝位被百姓敬重，无非都是老天的后代，在常祭时，近亲中的祭品不要过于丰厚啦！"

以上第二段，祖己劝导武丁宽假之辞，告诫祭祀不要偏厚近亲。

西伯戡黎

周族历史悠久，相传周的始祖后稷为舜时农官，曾佐禹治水。古公亶父时期，周族迁徙至周原，开始崛起。周文王执政时期，国势日益强大。周文王一方面向殷商王朝俯首称臣，一方面不断兼并附近方国，最后进入殷商王畿重地，发动了征伐黎国的战争，夺取天下的战略意图已经十分明显。殷商有识之士惶恐不安。大臣祖伊面谏纣王，力劝纣王努力为国家命运着想，勤勉政事。

面对祖伊的谏劝，纣王固执地坚信“有命在天”，祖伊却认为天命福善祸淫，显示了天人互动的全新的天命观。

《西伯戡黎》还反映了商朝末期尖锐的社会矛盾。《西伯戡黎》记载了殷民的悲呼：“今我民罔弗欲丧，曰：‘天何不降威？’”《汤誓》也记载了夏民的悲呼：“时日曷丧，予及汝皆亡。”这些都是民众对暴君暴政恨之入骨的控诉。

《西伯戡黎》具有很高的史料价值，对商周思想史、哲学史和政治史的研究具有重要意义。

西伯既戡黎[1]，祖伊恐[2]，奔告于王。

曰：“天子！天既讫我殷命[3]。格人元龟[4]，罔敢知吉[5]。非先王不相我后人[6]，惟王淫戏用自绝[7]。故天弃我，不有康食[8]。不虞天性[9]，不迪率典。今我民罔弗欲丧，曰：‘天曷不降威？’大命不挚[10]，今王其如台？”

[注释]

1 西伯：周文王。《史记·周本纪》：“公季卒，子昌立，是为西伯。西伯曰文王。”文王居岐山，封为雍州伯，雍州在西，因称西伯。唐前学者认为西伯指文王，宋后学者多认为是武王。目前仍有争论，尚待探讨。戡：战胜。黎：殷的诸侯国，在今长治市西南。

2 祖伊：祖己的后代，商纣王的贤臣。

3 既：通“其”，恐怕。俞樾说：“古书‘既’与‘其’每通用。”讫：终止。殷命：殷商的国运。

4 格人：能知天地吉凶的至人、贤人。《孔疏》：

“格，训为‘至’。至人谓至道之人，有所识解者也。”元龟：大龟。

5 罔敢：不能。知：觉察。

6 相：辅佐。《集韵》：“助也。”这里指扶助。

7 淫戏：淫荡嬉戏。李斯说：“放弃《诗》《书》，极意声色，祖伊所以惧也。”《史记·殷本纪》：“（纣）好酒淫乐，嬖于妇人。”用：以。自绝：《孔疏》：“纣既自绝于先王，亦自绝于天。”

8 康食：糟糠之食，指低劣生活。章太炎说。

9 虞：度。天性：上天安民之性。

10 挚：至，到来。

[译文]

周文王打败了黎国以后，祖伊恐慌，跑来告诉纣王。

祖伊说：“天子，天意恐怕要终止我们殷商的国运了！贤人和神龟都不能觉察出吉兆。不是先王不扶助我们后人，而是大王淫荡嬉戏自绝于天。所以上天将抛弃我们，甚至不让我们得到糟糠之食。大王不揣度天性，不遵循法律。如今民众没有谁不希望大王灭亡，他们说：‘老天为什么不降下威罚呢？’天命不再归向我们了，现在大王将要怎么办呢？”

以上第一段，祖伊忧虑天命将终，望纣王改悔。

王曰："呜呼！我生不有命在天？"

祖伊反曰[1]："呜呼！乃罪多[2]，参在上[3]，乃能责命于天[4]？殷之即丧，指乃功[5]，不无戮于尔邦[6]！"

［注释］

1 反：反对。

2 罪：过错，失误。

3 参：《汗简》《古文四声韵》作"絫"。"絫"，读作儽。《说文解字注》："儽，一曰懒懈。"

4 乃：难道。《经传释词》："乃，犹'宁'也。"

5 乃：《经传释词》："乃，犹'其'也。"功：政事。

6 戮：通"勠"。《说文·力部》："勠，并力也。"

［译文］

纣王说："啊！我的一生不有福命在天吗？"

祖伊反驳说："唉！您的过失很多，又懒惰懈怠，高高在上，难道还能向上天祈求福命吗？殷商行将灭亡，要指示它的政事，不可不为您的国家努力啊！"

以上第二段，祖伊勉王振作，挽救殷邦。

微　子

微子名启，是帝乙的长子，纣王的同母庶兄，因封在微，爵位属于子这一个等级，所以史称微子。周武王即位后三年，大举东征，殷商已危在旦夕。微子屡次进谏，纣王全然不听。微子绝望，打算以死相争或逃亡出走，就找父师、少师商量。史官记录了微子和父师、少师的问答，写成《微子》。

《微子》篇在中国文学史和中国文化史上占有重要地位。微子说："我其发出狂？吾家耄逊于荒？"这一疑问开启了中国文人对行藏问题的思索与纠结，并且也是中国文学隐逸情结的源头之一。

微子若曰[1]：“父师、少师[2]！殷其弗或乱正四方[3]。我祖厎遂陈于上[4]，我用沉酗于酒[5]，用乱败厥德于下[6]。殷罔不小大好草窃奸宄[7]，卿士师师非度[8]。凡有罪辜，乃罔恒获[9]，小民方兴[10]，相为敌雠[11]。今殷其沦丧，若涉大水，其无津涯[12]。殷遂丧，越至于今！”

[注释]

1 若：这样。

2 父师、少师：官名。

3 其：大概，表测度语气。或：克，能。《文侯之命》“罔或耆寿”，《汉书·成帝纪》引作“罔克耆寿”，是“或”、“克”通用之证。乱：治。

4 我祖：指成汤。厎：定。遂：法。“遂”与“术”通。黄式三说。

5 我：指纣。用：由于。酗：《广韵》：“酗，醉怒也。”沉酗，沉醉。

6 用，因。乱：淫乱。厥德：成汤之德。下：后世。

7 小：指小民。大：指群臣。草：通“抄”，掠取。奸宄：犯法作乱。状语“罔不”与主语“小大”错位。

8 师师：众长。度：法度。辜：罪。

9 乃：却。获：通“矱”，法。恒矱，常法。

10 方：范围副词，并。郑玄说：“方犹并也。”《说文·方部》："方，并船也。象两舟省，总头形。"兴：兴起。

11 相：偏指副词，我们。雠：仇敌。

12 其：殆，几乎。津：渡口。涯：水岸。

[译文]

微子这样说："父师、少师！殷商恐怕不能治理好天下了。我们的先祖成汤制定了常法在先，而我王沉醉在酒中，因淫乱而败坏成汤的美德在后。殷商的大小臣民无不喜爱抢夺偷盗、犯法作乱，官员们都违反法度。凡是有罪的人，竟不用常法处置，小百姓一齐起来，同我们结成仇敌。现在殷商恐怕要灭亡了，就好像要渡过大河，几乎找不到渡口和河岸。殷商法度丧亡，竟到了这个地步！"

曰："父师、少师，我其发出狂[1]？吾家耄逊于荒[2]？今尔无指告[3]，予颠隮[4]，若之何其[5]？"

[注释]

1 狂：《史记·宋世家》作"往"，当从之。发：孙诒让读为"废"，甚当。此言我其废弃而出亡。

2 家：住在家。耄：通"保"，安。逊：遁，回避。荒：荒野。

3 无：句中语气助词，无义。指告：指点告诉。指、示、告都含有“表明”义，不论作“指”或作“示”，意义都相近。

4 予：《经义述闻》：“谓殷也。犹下文言‘我乃颠隮’也。”一说以“今尔无指告予”句绝，“予”是微子自称，亦通。颠：颠覆。隮jī：坠落。颠隮，《孔疏》：“‘颠’谓从上而陨，‘隮’谓坠于沟壑，皆灭亡之意也。”

5 若之何：如之何，怎么办。表示疑问的凝固结构，用以商讨办法、征询意见。其：语气助词。《经传释词》：“其，问词之助也。或作‘期’，或作‘居’，义并同也。”《尚书易解》：“其，郑玄曰：‘语助也，齐鲁之间声如姬。’《礼记》曰：‘何居。’言今汝不指示相告，我殷将颠坠，如之何哉！”

［译文］

微子说：“父师、少师，我将被废弃而出亡在外呢？还是住在家中安然避居荒野呢？现在你们不指点我，我殷商就会灭亡，怎么办啊！”

以上第一段，微子忧虑殷将危亡，向父师、少师征询去留问题。

父师若曰："王子[1]！天毒降灾荒殷邦[2]，方兴沉酗于酒[3]，乃罔畏畏[4]，咈其耇长旧有位人[5]。今殷民乃攘窃神祇之牺牷牲用以容[6]，将食无灾[7]。降监殷民[8]，用乂雠敛[9]，召敌仇不怠[10]。罪合于一[11]，多瘠罔诏[12]。

"商今其有灾[13]，我兴受其败；商其沦丧，我罔为臣仆。诏王子出迪[14]。我旧云刻子[15]、王子弗出，我乃颠陨[16]。自靖[17]！人自献于先王，我不顾，行遯。"

［注释］

1 王子：微子。他是帝乙的长子，所以称他为王子。

2 毒：厚，重。《尚书覈诂》："毒，《说文》：'厚也。'《史记》作'笃'，义同。"荒：《史记·宋微子世家》作"亡"。

3 方：并。兴：起。

4 乃：却。畏畏：《尚书今古文注疏》："当为'畏威'。《礼记·表记》引《甫刑》曰：'德威惟威。'郑玄云：'德所威，则人皆畏之。'是以'威'为'畏'。郑注《考工记》又云：'故《书》"畏"作"威"。'"《尚书易解》释《康诰》"威威"，谓"畏可畏也"。

5 咈fú：违背。耇gǒu：老。

6 攘：顺手拿取。窃：偷盗。牺：毛色纯一的牲畜。牷：纯色的全牲。牲：牛羊猪。容：隐。

7 将：养。《诗经·小雅·四牡》传："将，养也。"

8 降：下。监：监视。

9 乂：杀。雠：通"稠"，多。马融本作"稠"。敛：赋敛。

10 召：招致。怠：宽缓。

11 罪：罪人。

12 瘠：病，指受害的人。诏：告。

13 其：或许。

14 迪：行。《史记·宋世家》："于是太师、少师乃劝微子去，遂行。"即其事也。

15 旧：久。刻子：焦循《尚书补疏》："刻子即箕子也。"

16 我：指殷商。

17 靖：谋划。

[译文]

父师这样说："王子！老天重降大灾要灭亡我们殷商，而我们君臣都沉醉在酒中，却不惧怕老天的威力，违背年高德劭的旧时大臣的教诲。现在，臣民竟然偷盗祭祀天地神灵的牺牲，把它们藏起来，或是饲养，或是吃掉，都没有受到惩罚。上天向下察看殷民，发现我们殷商用杀戮和重刑横征暴敛，招致民怨也不放宽。罪人聚合在一起，众多的受害者无处申诉。

“殷商现在或许会有灾祸呢，我们起来承受灾难；殷商或许会灭亡，我们不做敌人的奴隶。我劝告王子逃出去，我早就说过，如果箕子和王子不出去，我们殷商就会灭亡。自己拿定主意吧！人人各自去对先王做出贡献，我不再顾虑了，将要出走了。”

以上第二段，父师力劝微子出逃以救殷的危亡。

周　书

泰誓上

泰，《国语·周语》引作“太”，或作“大”。周武王伐纣，大会诸侯。史官记载武王的誓词，叫作《泰誓》。

《泰誓上》周武王指出“惟天地万物父母，惟人万物之灵”，明确说明人与自然万物的关系和作用。蔡沉《书集传》具体阐释为：“万物之生，惟人得其秀而灵。具四端，备万善，知觉独异于物。”人高于万物的区别性特征就在于人有伦理道德，有理性认识。这种人本观点是“保民”思想的认识基础。周武王还进一步说明天与人的关系：“民之所欲，天必从之。”这句话《左传》《国语》都有征引，是说民众的愿望，上天一定会依从。上天代表民意，天命也就是民众的愿望。周人夺取政权后，以殷为鉴，强调“顺天”“保民”“敬德”，构成整个西周的主流思想和治国方略。

《泰誓上》在战争史上首次提出战争性质的问题，提出衡量战争力量对比的“德”“义”诉求。“同力度德，同德度义。”《孔传》解释为：“力钧则有德者胜，德钧则秉义者强，揆度优劣，胜负可见。”战争的胜负不在于人数的多寡、武器的优劣，而在于德义。战争的正义与否决定战争的胜负。这一战争观至今仍是颠扑不破的真理。

《泰誓中》武王明言：“天视自我民视，天听自我民听。”这是古代民本思想的经典叙述。这句话《孟子·万章上》也有征引。儒家强调以德配天，保民而王。中国历代伟大的政治家和思想家都是民本思想坚定的崇尚者和执行者。习近平总书记在纪念朱德同志诞辰130周年座谈会上的讲话也指出：“‘天视自我民视，天听自我民听。’今天，全党同志无论职位高低，都要把人民拥护不拥护、赞成不赞成、高兴不高兴、答应不答应作为衡量一切工作得失的标准。”

《泰誓中》第一次记载贞问国家大事的手段除了寻常的占卜，还包括占梦。甲骨卜辞中多见占梦的记载。《诗经·小雅·斯干》也有明确记载。占梦的习俗一直流传到后代，《左传》中有不少关于梦的记载，而梦也逐渐成为文学创作的母题，成为沟通天人、古今、生死的桥梁，给历代文人以丰富想象。

《左传·襄公三十一年》引文与今传本《泰誓》相同，

《史记·周本纪》引文与今传本《泰誓多相异。《泰誓》是《尚书》比较特殊的篇目，值得深入研究。

惟十有三年春[1]，大会于孟津[2]。

王曰：“嗟！我友邦冢君[3]，越我御事庶士[4]，明听誓。惟天地万物父母，惟人万物之灵[5]。亶聪明作元后[6]，元后作民父母。今商王受[7]，弗敬上天，降灾下民。沉湎冒色[8]，敢行暴虐，罪人以族[9]，官人以世[10]。惟宫室、台榭、陂池、侈服[11]，以残害于尔万姓。焚炙忠良[12]，刳剔孕妇[13]。皇天震怒，命我文考，肃将天威[14]，大勋未集[15]。肆予小子发[16]，以尔友邦冢君，观政于商[17]，惟受罔有悛心[18]，乃夷居[19]，弗事上帝神祇[20]，遗厥先宗庙弗祀[21]。牺牲粢盛[22]，既于凶盗[23]。乃曰：‘吾有民有命！’罔惩其侮[24]。

[注释]

1 有：通“又”，用于整数与余数之间。十又三年，当指周武王十三年。详见《书集传》。

2 孟津：地名，一名盟津。在今河南孟津县东北，孟州市西南。

3 友邦：友好国家。《孔疏》：“同志为友，天子友诸侯，亲之也。《牧誓》传曰：言志同灭纣。”冢君，指诸侯。

4 越：与。御事：治理大臣。庶士：众士。御事庶士，泛指大大小小的各级官员。明代王樵认为，这里的“御事庶士”也就是《牧誓》篇中司徒、司马、司空（“三卿”）及亚旅、师氏、千夫长、百夫长。

5 灵：神，这里指贵重的物。《礼记·礼运》：“故人者，天地之心也，五行之端也，食味、别声、被色，而生者也。”

6 亶dǎn：诚。《尔雅·释诂》：“亶，诚也。”元后：大君。《孔传》：“人诚聪明则为大君。”

7 受：纣王名。

8 沉湎：沉醉于酒中。就是指酗酒。冒：贪。《左传·文公十八年》：“缙云氏有不才子，贪于饮食，冒于货贿。”色，女色。

9 罪：惩罚。族：灭族。《孔传》：“一人有罪，刑及父母、兄弟、妻子。”

10 官：任用。官人，就是任用人。世：世袭。《周礼·秋官·大行人》：“世相朝也。”郑玄注：“父死子立曰世。”官人以世，意思是说纣王任用官员不选贤任能，父兄死了任用子弟。

11 台：高台。榭：台上的厅屋。《孔疏》引李巡云：“台，积土为之，所以观望也。台上有屋谓之榭。”陂：堵住泽水的堤障。池：停水之处。侈服：华丽的服饰。《孔传》："侈谓服饰过制，言匮民财力为奢丽。"

12 焚炙：焚烧。《孔疏》："焚、炙，俱烧也。"这里指炮烙之刑。《史记·殷本纪》："百姓怨望而诸侯有畔者，于是纣乃重刑辟，有炮烙之法。"《列女传》："膏铜柱，下加之炭，令有罪者行焉，辄堕炭中，妲己笑，名曰炮烙之刑。"

13 刳剔：割剥，解剖。《孔疏》："刳剔，谓割剥也。"刳：剖开身体。剔tī：分解骨肉，把肉从骨头上刮下来。

14 文考：指周文王。肃：敬。将：行。天威：上天的惩罚。

15 勋：功业。集：《广雅·释诂》："成也。"

16 肆：从前。《尔雅·释诂》："肆，故也。"发：武王名。

17 观政：考察政事。《孔传》："谓十一年自孟津还时。"言"观政"者，这是婉曲的说法。

18 悛quān：改悔。

19 夷居：蹲着，形容傲慢不恭。《论语·宪问》马融注："夷，踞也。"《说文》："居，蹲也。"《荀子·修身》："容貌态度，进退趋行，由礼则雅，不由礼则夷固僻违，庸众而野。"杨倞注："夷，倨也。"

20 神祇：天神地神。

21 遗：废弃。厥：其，他的。

22 牺牲：指牛羊等祭品。粢：黍稷叫粢。盛：祭品装在器皿中叫盛。

23 既：吃尽。甲骨文“既”作“[illegible]”，象人就餐完毕之状。另，“即”字甲骨文作“[illegible]”，象人就食之状，形、义皆与“既”对应，可作参照。

24 悛：改变。侮：轻慢。

[译文]

周武王十三年春天，周武王在孟津大会诸侯。

武王说：“啊！我的友邦大君和我的大小治事官员们，听清楚我的誓言。天地是万物的父母，人是万物中的灵长。真聪明的人就做大君，大君做人民的父母。现在商王纣不尊敬上天，降祸灾给民众。他嗜酒贪色，胆敢施行暴虐，用灭族的严刑惩罚人们，采用世袭的制度任用官员。宫室呀，台榭呀，陂池呀，奢侈的衣服呀，他用这些东西来残害你们万姓民众。他动用炮烙之刑烧杀忠良，将怀孕的妇女开膛破肚。皇天大为恼怒，命令我的先父文王严肃施行上天的惩罚，可惜大功没有完成。从前我小子姬发和你们友邦大君到商国考察政治，商纣没有悔改的心，他竟然傲慢不恭，不祭祀上帝神祇，遗弃他的祖先宗庙而不祭祀。牺牲和粢盛等祭品，也被凶恶盗窃的人吃光了。他却说：‘我有民众有天命！’不改变他侮慢的心意。

以上第一段，周武王宣布纣王的罪行。

“天佑下民，作之君，作之师[1]，惟其克相上帝，宠绥四方[2]。有罪无罪，予曷敢有越厥志[3]？

同力度德[4]，同德度义。受有臣亿万，惟亿万心；予有臣三千，惟一心。商罪贯盈[5]，天命诛之；予弗顺天，厥罪惟钧[6]。

“予小子夙夜祇惧。受命文考[7]，类于上帝[8]，宜于冢土[9]，以尔有众，底天之罚[10]。天矜于民，民之所欲，天必从之。尔尚弼予一人，永清四海[11]。时哉，弗可失！”

[注释]

1 师：孔颖达解释为“谓君与民为师，非谓别置师也”。作之君，作之师，孔安国解释为：“为立君以政之，为立师以教之。”

2 宠：这里的意思是爱护、保护。绥：安定。

3 越：失。《太甲上》：“无越厥命以自覆。”孔安国：“越，坠失也。”厥志：指天的意志。

4 度：量度，衡量。

5 贯：串，穿物之串。盈：满。贯盈，像串之满，形容极多。这里的意思是商纣王罪大恶极。

6 钧：均等。厥罪惟钧，我的罪和纣的罪相等。

7 文考：指文王之庙。《书集传》："言受命文考者，以伐纣之举，天本命之文王，武王特禀文王之命，以卒其伐功而已。"

8 类：祭天。参见《舜典》"肆类于上帝"。

9 宜：祭社。《孔传》："祭社曰宜。"《礼记·王制》："天子将出，类乎上帝，宜乎社。"《尔雅·释天》："起大事，动大众，必先有事乎社而后出，谓之宜。"冢土：土：大社。古代为百官万民所立的社，祭祀土神、谷神。《诗经·大雅·绵》："乃立冢土。"《毛传》："冢土，大社也。"

10 厎：音dǐ，致，行。

11 永清四海：陈经云："君，源也；民，流也。源清则流清。四海本清，纣污浊之。伯夷、太公所以避之以待天下之清也。去纣而除其秽恶，则清其源而天下清矣。"

[译文]

"上天眷佑下民，为民众设置君王，设置师长，希望他们应当能够辅助上天，保护和安定天下。应该讨伐有罪的人，应该赦免无罪的人，我怎么敢违反上天的意志呢？

“力量相同就衡量品德，品德相同就衡量道义。商纣有臣亿万，是亿万条心；我有臣子三千，只是一条心。商纣恶贯满盈，上天命令我讨伐他；我如果不顺从上天，我的罪恶就会跟商纣相等。

“我小子每天从早到晚一直敬慎忧惧。在文考庙接受了伐商的命令，我又祭告上帝，祭祀大社，然后率领你们诸位，执行上天的惩罚。上天怜悯民众，民众的愿望，上天一定会依从的。你们辅助我吧!要使四海之内永远清明。这个时机啊，不可失去呀！”

以上第二段，周武王勉励诸侯顺天行罚。

泰誓中

惟戊午，王次于河朔[1]，群后以师毕会[2]。王乃徇师而誓[3]。

曰："呜呼！西土有众[4]，咸听朕言[5]。我闻吉人为善，惟日不足[6]；凶人为不善，亦惟日不足。今商王受，力行无度[7]，播弃犁老[8]，昵比罪人[9]，淫酗肆虐[10]。臣下化之[11]，朋家作仇[12]，胁权相灭[13]。无辜吁天[14]，秽德彰闻[15]。

[注释]

1 次：驻扎。《孔传》："次，止也。"河朔：黄河之北。《孔传》："止于河之北。"

2 后：君。群后，指众诸侯。毕：都。

3 徇：巡行。《经典释文》引《字诂》：“徇，巡也。”

4 有：词头，助成双音词“有众”。西土有众，《书集传》：“周都丰镐，其地在西。从武王渡河者，皆西方诸侯，故曰‘西土有众’。”

5 咸：全，都。朕：我。吉人：善良的人。

6 惟日不足：《书集传》：“言终日为之而犹为不足也。”

7 力：尽力，竭力。行：为，做。无度：指没有法度的事，就是违反法度的事。

8 播：放弃。《国语·吴语》：“今王播弃黎老。”韦昭注：“播，放也。”犁老：犁，一作“黎”，通“耆”。犁老就是耆老，这里指箕子、比干这些忠实的老臣。

9 昵比：昵、比，都是亲近的意思。

10 淫：过度。酗：醉酒发怒。肆：放纵。

11 化：变化（心志）。臣下化之，《孔疏》：“臣下化而为之，由纣恶而臣亦恶。言君臣之罪同也。”

12 朋：结党。朋家作仇，意思是各立朋党，相为仇敌。

13 胁权：挟持权柄。《孔传》：“胁上权命以相诛灭。”

14 吁天：呼天诉苦。

15 秽huì：秽恶。彰：显著，显明。闻：传布。

[译文]

戊午日，周武王在黄河之北扎营，诸侯率领他们的军队都来会合。武王于是巡视军队并且告诫他们。

武王说："啊！西方各位诸侯，请都听我讲话。我听说好人做好事，整天地做还是时间不够；坏人做坏事，也是整天地做还是时间不够。现在商王纣，力行不合法度的事，疏远老臣，亲近罪人，过度嗜酒，放肆暴虐。臣下也受到他的影响，各结朋党，互为仇敌；挟持权柄，互相诛杀。无罪的人呼天告冤，纣王秽恶的行为天下传闻。

以上第一段，周武王数说商纣君臣的罪行。

"惟天惠民[1]，惟辟奉天[2]。有夏桀弗克若天，流毒下国[3]。天乃佑命成汤，降黜夏命[4]。惟受罪浮于桀[5]，剥丧元良[6]，贼虐谏辅，谓己有天命，谓敬不足行，谓祭无益，谓暴无伤[7]。厥监惟不远，在彼夏王[8]。天其以予乂民，朕梦协朕卜，袭于休祥[9]，戎商必克。受有亿兆夷人[10]，离心离德；予有乱臣十人[11]，同心同德。虽有周亲[12]，不如仁人[13]。

[注释]

1 惠：爱。

2 辟：君。奉：承受。

3 流毒：传布毒害。

4 降黜chù：贬退废黜。命：福命，指国运。

5 浮：超过。《孔疏》：“物在水上为浮。浮者，高之意，故为过也。”

6 剥：《孔传》：“伤害也。”丧：迫使离开国土。《书集传》：“丧，去也，古者去国为丧。”良：善。元良，指微子。《史记·殷本纪》：“微子数谏不听，乃与大师、少师谋，遂去。”

7 贼：杀害。虐：残暴。谏：直言规劝。辅：古代辅佐帝王的大臣。谏辅，谏议大臣，指比干。《史记·殷本纪》记载：“（比干）乃强谏纣。纣怒曰：‘吾闻圣人心有七窍。’剖比干，观其心。”足：值得。伤：妨碍。

8 在：察。参见《舜典》“在璇玑玉衡”。

9 袭：重复。休祥：吉庆。

10 夷：平。夷人，平人，指谋略见识平常的人。《孔传》：“平人，凡人也。”服虔和杜预解为夷狄之人。见《孔疏》。

11 乱：《尔雅·释诂》：“治也。”乱臣，治臣，拨乱之臣。十人：指周公旦、召公奭、太公望、毕公、荣公、太颠、闳夭、散宜生、南宫适、邑姜。见《孔传》《书集传》。

12 周：至。周亲，至亲的人。

13 仁人：仁爱有德的人，这里指上文“乱臣”。

[译文]

“上天爱护民众，君王遵奉上天。夏桀不能顺从天意，在天下传播灾祸。上天于是佑助、命令成汤，降下贬黜夏桀的命令。纣的罪恶超过了夏桀，他伤害善良的大臣，杀戮谏诤的辅佐，宣称自己有天命，宣称敬天不值得实行，说祭祀没有益处，说暴虐没有害处。他的镜鉴并不遥远，只要看看那个夏桀。上天或许要使我治理民众，我的梦符合我的卜兆，吉庆重叠出现，讨伐商国一定会胜利。商纣有亿兆平民，都离心离德；我有拨乱的大臣十人，都同心同德。纣虽有至亲的臣子，比不上我周家的仁人。

以上第二段，周武王说明伐商必定胜利。

“天视自我民视，天听自我民听。百姓有过[1]，在予一人，今朕必往。

“我武惟扬，侵于之疆[2]，取彼凶残；我伐用张[3]，于汤有光！

“勖哉夫子[4]！罔或无畏[5]，宁执非敌[6]。百姓懔

懔[7]，若崩厥角[8]。呜呼！乃一德一心，立定厥功，惟克永世。”

[注释]

1 过：责怪。《广雅 · 释诂》：“过，责也。”《书集传》：“今民皆有责于我，谓我不正商罪。”予一人：武王自指。

2 于：到，及于。之：其，指商国。

3 张：《广雅 · 释诂》：“施也。”用张，要进行。

4 勖xù：《说文 · 力部》：“勉也。”夫子：《孔传》：“夫子谓将士。”

5 畏：通“威”，威武。

6 宁：愿。宁执非敌，言宁愿保持无敌之心。

7 懔懔：恐惧的样子。《孔疏》：“‘懔懔’是怖惧之意。”

8 若：好像。崩：崩下。厥角，谓顿首、叩头。《汉书 · 诸侯王表》“厥角稽首”，应劭注：“厥，顿也。角者，额角也。”若崩厥角，就是厥角若崩，叩头像山崩一样，见俞樾《古书疑义举例 · 倒句例》。

[译文]

“上天的看法，出自我们人民的看法，上天的听闻，出自我们人民的听闻。老百姓对我有所责难，今天我一定要（依从民意）前往讨伐。

“我们的武力要发扬，要攻到商国的疆土上，捉拿那些凶残的人；我们的讨伐要进行，这比成汤的事业还辉煌！

“努力吧！将士们。不可出现不威武的情况，宁愿你们保持没有对手的思想。百姓危惧不安，他们向我们叩头求救，额角撞地响得就像山崩一样呀！啊！你们要一心一德建功立业，就能够长久安定民众。”

以上第三段，周武王勉励将士建立辉煌的事业。

泰誓下

时厥明[1]，王乃大巡六师[2]，明誓众士[3]。

王曰："呜呼！我西土君子。天有显道，厥类惟彰[4]。今商王受，狎侮五常[5]，荒怠弗敬，自绝于天，结怨于民。斫朝涉之胫[6]，剖贤人之心[7]，作威杀戮，毒痡四海[8]。崇信奸回[9]，放黜师保[10]，屏弃典刑[11]，囚奴正士[12]。郊社不修[13]，宗庙不享，作奇技淫巧以悦妇人[14]。上帝弗顺，祝降时丧[15]。尔其孜孜奉予一人[16]，恭行天罚！

［注释］

1 厥：其，指戊午日。明：次日。

2 六师：六军。这里指会合于黄河以北的讨伐大军。

3 众士：众将士。《孔传》：“众士，百夫长以上。”

4 类：《方言》：“法也。”惟：当。《吕氏春秋·知分》“子惟之矣”注：“惟，宜也。”

5 狎侮：轻慢。五常：《孔疏》：“五常即五典。”指父义、母慈、兄友、弟恭、子孝五种常教。

6 斫：《孔传》言纣王受“冬月见朝涉水者，谓其胫耐寒，斩而视之。”涉：徒步涉水。《说文·水部》：“涉，徒行厉水也。”厉，《诗经·邶风·匏有苦叶》：“深则厉，浅则揭。”《毛传》：“以衣涉水为厉。”

7 贤人：指比干。《史记·殷本纪》载，纣王“剖比干，观其心”。

8 痡pū：伤害。《尔雅·释诂》：“痡，病也。”

9 回：《孔传》：“邪也。”

10 黜：退。放黜，放逐贬黜。师保：太师、太保。

11 屏：除去。典刑：常法。

12 囚奴：囚禁奴役。正士：指箕子。《史记·殷本纪》载，箕子“佯狂为奴，纣又囚之”。

13 郊：祭天。社：祭地。

14 奇技：奇异技能。淫巧：过度工巧。妇人：指妲己。《史记·殷本纪》：“好酒淫乐，嬖于妇人。爱妲己，妲己之言是从。”

15 祝：断，这里作“断然”解。《孔传》：“祝，断也。”

16 其：副词，表示祈使语气。奉：《淮南子·说林训》注：“助也。”

[译文]

时间是戊午的第二天，周武王大规模巡视六军，明明白白誓诰众将士。

王说：“啊！我们西方的将士。上天有明显的常理，它的法则应当显扬。现在商王纣轻慢五常，荒废怠惰，无所敬畏，自己弃绝于上天，结怨于民众。他砍下冬天清晨涉水者的脚胫，剖开贤人的心，作威作恶，杀戮无罪的人，毒害天下。崇信奸邪的人，贬逐师保大臣，废除常法，囚禁、奴役正士。不举行祭天祭地的大典，宗庙也不祭祀。发明新奇的技艺，创造工巧的制品，用以取悦妇人。上帝不依，断然降下这种丧亡的诛罚。你们要努力帮助我，奉行上天的惩罚！

以上第一段，周武王细数商纣王罪行，号召全军将士顺天行罚。

“古人有言曰：‘抚我则后[1]，虐我则仇。’独夫受洪惟作威[2]，乃汝世仇[3]。树德务滋[4]，除恶务本[5]，肆予小子诞以尔众士，殄歼乃仇[6]。尔众士其尚迪果毅以登乃辟[7]！功多有厚赏，不迪有显戮[8]。

“呜呼！惟我文考若日月之照临，光于四方，显于西土，惟我有周诞受多方[9]。予克受，非予武，惟朕文考无罪；受克予，非朕文考有罪，惟予小子无良。”

［注释］

1 抚：抚爱。后：君主。

2 独夫：《书集传》：“独夫，言天命已绝，人心已去，但一独夫耳。”洪惟：语助词，无义。《经传释词》：“凡《书》言‘爽惟’‘丕惟’‘洪惟’‘诞惟’‘迪惟’‘率惟’，皆词也。”

3 世：大。《左传·桓公九年》疏：“古者‘世’之与‘大’，字义通也。”

4 除恶务本：《书集传》：“喻纣为众恶之本，在所当去。”

5 肆：所以。诞：语气助词，无义。

6 殄tiǎn歼：灭绝、歼灭。

7 尚：庶几。迪：履行，践行。参见《皋陶谟》“允迪厥德”。登：成就。《孔传》：“登，成也。成汝君之功。”

8 戮：《广雅·释诂》：“辠也。”辠，古“罪”字。

9 诞：大。受：亲近。《广雅·释诂》：“受，亲也。”《孔传》：“言文王德大，故受众方之国，三分天下而有其二。”

[译文]

“古人有言说：‘抚爱我的就是君主，虐待我的就是仇敌。’独夫商纣大行威虐，是你们的大仇人。树立美德务求滋长，去除邪恶务求除根，所以我率领你们众将士去歼灭你们的仇敌。你们众将士要做到果敢坚毅，来成就你们的君主。功劳多的有重赏，不能做到果敢坚决的有重罚。

“啊！我先父文王的德政好像日月照临，光辉普及四方，在西方国家尤其显著。因此我们周国很爱护众诸侯国。如果我战胜纣，并不是我勇武，只因为我的先父文王没有过失；如果纣战胜我，并不是我的先父有过失，只因为我不善。”

以上是第二段，号令全军将士果敢坚毅，完成文王未竟的灭商大业。

牧　誓

《牧誓》是周武王在牧野与商纣王的军队决战前的誓师词。

《牧誓》开篇即交代这场战争的具体时间是甲子日清晨。1976年3月陕西临潼出土了一件西周早期铜器利簋，铭文作者亲身参加了“牧野之战”。据铭文记载，“珷（武）征商，隹（唯）甲（子）淖（朝）”，与《牧誓》的记载完全相同。

《牧誓》虽为战争誓词，但写得颇具文采，开篇在交代誓师的时间、地点之后，首先描绘武王的英武形象：武王左手握着金光闪闪的大斧，右手拿着白旄，指挥千军万马。一个威武的统帅形象跃然纸上，同时烘托出庄严肃穆的战时气氛。誓词称“称尔戈，比尔干，立尔矛”，三字短语干脆有力，排比句式加强气势，使人们仿佛感受到西方联军将士接受指令后齐刷刷列好盾牌、立起长矛、举起战戈的整肃宏伟。刘勰《文心雕龙·檄移》评《牧誓》：“事昭而理辨，气盛而词断。”

《牧誓》在中国的战争史上第一次提出在战斗中争取敌军归降的策略思想。这一重要的策略思想不仅极大地瓦解了商军的战斗意志，阵前纷纷倒戈，对“牧野之战”的结果产生了决定性影响，也是周武王始终如一的策略思想。小国周要打败大邦殷，彻底征服殷民，必须分化殷商力量，争取人心。而且，这一策略思想对后代也产生了深远的影响。

《牧誓》还反映了商周时期的行军攻战形式。“今日之事，不愆于六步、七步，乃止齐焉。夫子勖哉！不愆于四伐、五伐、六伐、七伐，乃止齐焉。勖哉夫子！”这几句话译成现代汉语即为：“今天的战事，行军时不超过六步、七步，就要停下来整齐一下。将士们，要努力啊！刺击时，不超过四次、五次、六次、七次，就要停下来整齐一下。努力吧，将士们！”这种攻战形式今人看来是不可思议的，但是实质古今相同。战争强调纪律必须严明，步调必须一致。《牧誓》注重行军和战斗时保持整齐的阵容。历代的行军攻战形式虽不相同，但《牧誓》行军攻战形式所反映的军事思想对历代兵书所阐述的军事理论都有明显的影响。

时甲子昧爽[1]，王朝至于商郊牧野[2]，乃誓。王左杖黄钺[3]，右秉白旄以麾[4]，曰："逖矣[5]，西土之人！"王曰："嗟！我友邦冢君御事[6]，司徒[7]、司马、司空，亚旅、师氏[8]，千夫长[9]、百夫长，及庸、蜀、羌、髳、微、卢、彭、濮人[10]。称尔戈[11]，比尔干[12]，立尔矛[13]，予其誓[14]。"

［注释］

1 甲子：甲子日。昧爽：日未出时。《说文·日部》："昧爽，旦明也。"

2 商郊：商都朝歌的远郊。

3 杖：拿着。《说文·木部》："杖，持也。"钺：大斧。

4 秉：执持。旄：旄牛尾。麾：指挥。

5 逖tì：远。

6 冢君：大君，邦国的君主。御事：邦国的治事大臣。

7 司徒：与下文"司马""司空"皆官名。《孔传》："治事三卿，司徒主民，司马主兵，司空主土。"

8 亚旅：上大夫。见《左传·文公十五年》注。与下文"师氏"皆官名。师氏：中大夫。见《周礼·地官·序官》。

9 千夫长：与下文"百夫长"皆官名。郑玄云："千夫长，师帅。百夫长，旅帅。”

10 庸、蜀、羌、髳máo、微、卢、彭、濮：当时西南方的八个诸侯国。庸，古国名，在今湖北省竹山县西南。蜀，在今四川省西部地区，三星堆青铜文化遗址即属古蜀文化。羌，在今甘肃省东南地区。髳，在今甘肃、四川交界地区。微，在今陕西眉县境内。本王国维《散氏盘考释》说。卢，在今湖北南漳县境内。彭，在今甘肃镇原县东。一说在今湖北省房县西南。濮，在今湖北省与重庆市交界处。

11 称：举。尔：你们。戈：古代主要兵器，横刃，木质长柄，可以横击。

12 比：排比。干：盾牌。

13 矛：兵器。木质长柄，直刺。

14 其：将要。

[译文]

在甲子日的黎明时刻，周武王率领军队来到商国都城郊外的牧野，于是誓师。武王左手拿着黄色大斧，右手拿着白色旄牛尾指挥，说：“远劳了，西方的人们！”武王说：“啊！我们友邦的国君和办事大臣，司徒、司马、司空，亚旅、师氏，千夫长、百夫长，以及庸、蜀、羌、髳、微、卢、彭、濮的人们，举起你们的戈，排列好你们的盾，竖起你们的矛，我要宣誓了。”

以上第一段，记誓师之时地和部署。

王曰：“古人有言曰：‘牝鸡无晨[1]；牝鸡之晨[2]，惟家之索[3]。’今商王受惟妇言是用[4]，昏弃厥肆祀弗答[5]，昏弃厥遗王父母弟不迪[6]。乃惟四方之多罪逋逃[7]，是崇是长，是信是使，是以为大夫卿士[8]。俾暴虐于百姓，以奸宄于商邑[9]。

“今予发惟恭行天之罚。今日之事，不愆于六步、七步[10]，乃止齐焉[11]。夫子勖哉[12]！不愆于四伐、五伐、六伐、七伐[13]，乃止齐焉。勖哉夫子[14]！尚桓桓[15]，如虎如貔[16]，如熊如罴[17]，于商郊[18]。弗迓克奔以役西土[19]，勖哉夫子！尔所弗勖[20]，其于尔躬有戮[21]！”

［注释］

1 牝鸡：母鸡。晨：晨鸣。

2 之：如果。《经传释词》：“之，犹若也。”

3 索：空。惟家之索，即“惟索家”，惟空其家。

4 妇：指妲己。参见《泰誓下》“作奇技淫巧以悦妇人”。惟妇言是用，宾语前置句，即“惟用妇言”。

5 昏：轻蔑，轻视。见《经义述闻》。祀：祭名。答：报答神灵。《书集传》：“答，报也。”报，《国语 · 鲁语上》韦昭注：“报，报德，谓祭也。”

6 厥遗：据《史记 · 周本纪》当作“遗厥”。王父母弟：同祖父母的从弟。迪：用。

7 逋：逃亡。

8 是：这三句中五个“是”均为前置宾语，复指上文“四方之多罪逋逃”。

9 奸宄：犯法作乱。参见《舜典》“寇贼奸宄”。

10 愆qiān：过失。《说文 · 心部》：“愆，过也。”引申为“超过”。《诗经 · 卫风 · 氓》：“匪我愆期。”

11 止齐：止而齐，整顿队伍。焉：表示祈使语气的语气词。

12 夫子：敬称将士。勖：勉力。

13 伐：郑玄：“伐谓击刺也。一击一刺曰一伐。”

14 哉：句中语气助词，无义。

15 尚：副词，表命令语气。桓桓：郑玄：“威武貌。”

16 貔pí：豹类猛兽。《说文》：“豹属。”

17 罴：熊的一种。

18 于：往。

19 迓：通“御”，禁止。役：《广雅 · 释诂》：“助也。”西土：指周。

20 所：若。见《经传释词》。

21 其：《经传释词》：“其，犹‘乃’也。”

[译文]

武王说："古人有话说：'母鸡没有早晨啼叫的；如果母鸡在早晨啼叫，这个人家就会衰落。'现在商王纣只是听信妇人的话，轻视对祖宗的祭祀不问，轻视并遗弃他的同祖的兄弟不用。竟然只是想着四方重罪逃亡的人，推崇这些人，尊敬这些人，信任这些人，使用这些人，任用这些人担任大夫、卿士。使这些人残暴对待老百姓，在商国作乱。

"现在，我姬发奉行上天的惩罚。今天的战事，行军时，不超过六步、七步，就要停下来整齐一下。将士们，要努力啊！刺击时，不超过四次、五次、六次、七次，就要停下来整齐一下。努力吧，将士们！希望你们威武雄壮，像虎、貔、熊、罴一样，前往商都的郊外。不要禁止能够跑来投降的人，以便帮助我们周国。努力吧，将士们！你们如果不努力，就会对你们本身施行惩罚！"

以上第二段，宣布纣王的罪行和战时的纪律。

武　成

武，指武王灭商的武功。成，成就。《武成》记叙周武王伐殷归来向祖庙、上天、山川以及诸侯百官报告伐殷武功的成就。

任何新政权的建立，安定民心，稳定局势最为重要迫切。安定民心必须使民众认识新政权建立的合法性；稳定局势必须尽快确定施政纲领、基本国策和工作重心。

周武王的诰辞先简要概述了周先王后稷、公刘、古公亶父、王季的事迹，突出周文王的伟大功绩，说明完成灭殷大业是秉承文王遗志；接着指出商王无道是周武力夺取政权的原因，周灭殷是代表天意，并且得到了民众的热烈支持；最后武王总结牧野之战的经过，用敌军“前徒倒戈，攻于后以北，血流漂杵”的细节表明周负载天命人心，也从侧面衬托出周军所向披靡、势不可挡的威武气势。这一切都意在说明周夺取天下的必然性，说明周克商是历史和民众的选择。

武王提出新生的周王朝“偃武修文”的施政纲领，公布一系列施政新措施。

首先废除商纣王的暴政，采用殷先王的善政，实行新政，具体包括：停止武备，休养生息；表彰忠良贤臣，重建社会伦理道德；赈济贫苦大众，落实民用民生。新政以求政通人和，“万姓悦服”。

其次是建立新的官僚制度。规定分封爵位的等次：“列爵惟五，分土惟三。”确定官员选拔的标准：“建官惟贤，位事惟能。”

最后是确定新国家的工作重心。重视伦理道德建设，“重民五教”。重视民生，“惟食、丧、祭”。《孟子·梁惠王上》认为：“养生丧死无憾，王道之始也。”树立新风，“惇信明义，崇德报功”。

《武成》堪称一份条理井然的开国治理政纲。

惟一月壬辰，旁死魄[1]。越翼日癸巳[2]，王朝步自周[3]，于征伐商[4]。厥四月哉生明[5]，王来自商，至于丰[6]。乃偃武修文[7]，归马于华山之阳[8]，放牛于桃林之野[9]，示天下弗服[10]。

丁未，祀于周庙[11]，邦甸、侯、卫骏奔走[12]，执豆、

笵[13]。越三日庚戌，柴望[14]，大告武成。

［注释］

1 旁死魄：旁，广大。魄，也作“霸”，月光。旁死魄，月亮大部分无光。《孔传》认为是一月二日。一说指阴历每月二十五日至三十日这一段时间。见王国维《观堂集林·生霸死霸考》。

2 越：及，到。翼日：即翌日。《汉书·律历志》作“翌日癸巳”。

3 周：指镐京，周武王时都城。

4 于：往。

5 哉生明：月亮开始发光。《孔传》：“哉，始也。始生明，月三日。”

6 丰：周文王时都城，在今陕西省长安西北沣河以西。丰有周代先王庙。

7 偃武修文：偃，停止。修，修治。言停止武备，修治文事。

8 华山：旧说是西岳华山。阎若璩以为是商州洛南县东之阳华山，与桃林之野南北相望，壤地相接。

9 桃林：地名。阎若璩以为是今河南灵宝市西至潼关广围三百里地。

10 服：使用。《后汉书·梁竦传》：“服，犹用也。”

11 祀于周庙：《孔传》：“祭告后稷以下，文考文王以上七世之祖。”

12 甸、侯、卫：甸服、侯服、卫服。这里指甸服、侯服、卫服的诸侯。周代把王室周围的土地按照距离远近分成侯服、甸服、男服、采服、卫服、蛮服等。

13 豆、笾：古代的两种祭器。

14 柴望：柴，烧柴祭天。望，望祭山川之称。

[译文]

一月壬辰日，月亮大部分无光。到第二天癸巳日，武王早晨从周都镐京出发，前往征伐殷国。四月间，月亮开始放出光辉，武王从商国归来，到了丰邑。于是停止武备，施行文教，把战马放归华山的南面，把牛放回桃林的旷野，向天下表示不再用它们。

四月丁未日，武王在周庙举行祭祀，建国于甸服、侯服、卫服的诸侯都忙于奔走，陈设木豆、竹笾等祭器。到第三天庚戌日，举行柴祭来祭天，举行望祭来祭山川，隆重地宣告伐商武功的成就。

以上第一段，记叙武王伐殷归来，谋求偃武修文和祭祀之事。

既生魄[1]，庶邦冢君暨百工[2]，受命于周。

王若曰："呜呼！群后。惟先王建邦启土[3]，公刘克笃前烈[4]。至于大王[5]，肇基王迹[6]。王季其勤王家[7]。我文考文王，克成厥勋，诞膺天命[8]，以抚方夏[9]。大邦畏其力，小邦怀其德。惟九年，大统未集[10]。予小子其承厥志。厎商之罪[11]，告于皇天后土、所过名山大川[12]，曰：'惟有道曾孙周王发[13]，将有大正于商[14]。今商王受无道，暴殄天物[15]，害虐烝民[16]。为天下逋逃主，萃渊薮[17]。予小子既获仁人，敢祗承上帝，以遏乱略。华夏蛮貊罔不率俾[18]。恭天成命[19]，肆予东征[20]，绥厥士女[21]。惟其士女篚厥玄黄[22]，昭我周王[23]。天休震动[24]，用附我大邑周[25]！惟尔有神，尚克相予以济兆民[26]，无作神羞[27]！'

［注释］

1 既生魄：已经生出月光。

2 庶邦：指各诸侯国。

3 惟：句首语气助词。先王：指后稷。《孔疏》："后稷非王，尊其祖，故称先王。"启：开辟。《孔疏》："后稷始封于邰，故言建邦启土。"

4 公刘：周之先王，后稷曾孙。笃：《广雅 · 释诂》："理也。"烈：业。《史记 · 周本纪》："公刘虽在戎狄之间，复修后稷之业。”

5 大王：古公亶父，王季的父亲，文王的祖父。

6 肇：开始。基：经营。《尔雅·释言》：“基，经也。”肇基王迹，指大王迁居周原，深得民心。《史记·周本纪》称“盖王瑞自太王兴”。

7 王季：文王的父亲。勤：勤劳。王家：指王家的事业。

8 诞：大。膺：受。并见《书集传》。

9 方夏：《孔传》：“四方中夏。”

10 统：功业。集：成。大统未集，犹《泰誓上》“大勋未集”。

11 厎：致。

12 皇天后土：古时天地的合称。名山大川：指华山、黄河。周武王伐商从镐京往朝歌，必然经过华山，渡过黄河。

13 有道：伐纣是为民除害，故自称有道。曾孙：祭祀时诸侯自称曾孙。

14 正：同“政”。大政，大事，指军事。

15 天物：各种天然物资。

16 烝：《尔雅·释诂》：“众也。”烝民，众民。

17 萃：聚集。渊薮：鱼和兽聚居的地方。渊，深水。薮，无水的泽。

18 华夏：指中原地区各国。《孔疏》：“《释诂》云：夏，大也。故大国曰夏。华夏谓中国也。”蛮：古代泛指南方少数民族。貊mò：古代泛指北方少数民族。俾：《尔雅·释诂》：“从也。”

19 恭：奉行。成命：定命。指天意灭商。

20 肆：所以。东征：商在周的东方，故称“伐商”为东征。

21 绥：安。士女：古代男女的称呼。

22 篚：竹筐，这里用作动词。玄黄：玄、黄二色的丝绸。

23 昭：通“诏”，帮助。《尔雅·释诂》：“诏，助也。”

24 休：美、善。震动：震动民心。

25 大邑：大国。

26 相：帮助。济：救助。兆：十亿，极言众多。兆民，广大民众。

27 作：使也。见《周礼》注。

[译文]

月亮已经生出光辉的时候，众国诸侯和百官都到了周都接受王命。

武王这样说：“啊！众位君侯。先王建立国家开辟疆土，公刘能修治前人的功业。到了太王，开始经营王事。王季勤劳王家的事业。我先父文王能够成就王业，大受天命，安抚天下。大国畏惧他的威力，小国怀念他的恩德。文王受命九年后，大业未成身先逝。我小子将继承他的意愿。我把商纣的罪恶向皇天后土以及所经过的名山大川禀告说：'周家有道的曾孙姬发，对商国将有大事。现在商王纣残暴无道，弃绝天下百物，虐待众民。他是天下逃亡罪人的魁主，殷邑成为天下逃亡罪人聚集的渊薮。我小子已经得到了仁人志士，愿意敬承上帝的旨意，以制止乱谋。华夏各族和四方的民众，无不遵从。我奉了上天的美命，兴师东征，安定那里的士女。那里的士女，用竹筐装着他们的黑色和黄色的丝绸，帮助我周王。他们被上天的休美震动了，因而归附了我大国周。你等神明应该能够帮助我，来救助亿万老百姓，不要使神明受到羞恶啊！'

"既戊午[1]，师逾孟津[2]。癸亥，陈于商郊[3]，俟天休命[4]。甲子昧爽，受率其旅若林[5]，会于牧野[6]。罔有敌于我师，前徒倒戈[7]，攻于后以北[8]，血流漂杵[9]。一戎衣[10]，天下大定。乃反商政[11]，政由旧。释箕子囚，封比干墓[12]，式商容闾[13]。散鹿台之财[14]，发钜桥之粟[15]，大赉于四海[16]，而万姓悦服。"

[注释]

1 既：不久。

2 逾：渡过。

3 陈：通“阵”，布阵。

4 俟：等待。

5 旅：军队。若林：《孔传》：“如林，言盛多。”

6 会：会战。

7 前徒：指前军。倒戈：倒转戈矛向己方攻击。

8 北：败走。

9 杵：舂杵。《孔传》：“血流漂舂杵。”

10 一：通“殪”。衣：“殷”之声转。一戎衣，即《康诰》“殪戎殷”，灭亡大商。

11 反：反对。这里的意思是废除。商政：指纣的恶政。

12 封：《孔传》：“益其土。”添土以修缮坟墓，以表尊重。

13 式：致敬。《孔疏》：“式者，车上之横木。男子立乘，有所敬则俯而凭式，遂以式为敬名。”商容：商之贤人。《史记·殷本纪》：“商容贤者，百姓爱之，纣废之。”闾：里巷大门，引申指人聚居处。

14 鹿台：府库名。《史记·殷本纪》：商纣王“厚赋税以实鹿台之钱”。《史记集解》引如淳云：“《新序》

云：鹿台，其大三里，高千尺。”

15 钜jù桥：《史记集解》引服虔云：“钜桥，仓名。许慎曰钜鹿水之大桥也，有漕粟也。”

16 赉：赏赐。参见《汤誓》“予其大赉汝”。

[译文]

“到了戊午日，军队渡过孟津。癸亥日，在商郊布好军阵，等待上天的美命。甲子日清早，商纣率领他如林的军队，来到牧野会战。他的军队对我军没有抵抗，前面的士卒反戈向后面攻击，因而大败，血流之多简直可以漂起木杵。灭亡大商，而天下大安。我于是废除商王的恶政，采用殷商先王旧时的政策。解除箕子的囚禁，修治比干的坟墓，礼敬商容的居里。散发鹿台的财货，发放钜桥的米粟，向四海施行大赏，天下万民都心悦诚服。”

以上第二段，记叙武王克殷后在周京接见诸侯和百官时的讲话。

列爵惟五[1]，分土惟三[2]。建官惟贤，位事惟能[3]。重民五教[4]，惟食、丧、祭[5]。惇信明义[6]，崇德报功。垂拱而天下治[7]。

[注释]

1 惟：为。五：指公、侯、伯、子、男五等爵位。

2 分土惟三：《孔传》：“列地封国，公、侯方百里，伯七十里，子、男五十里，为三品。”

3 位事：安置官吏。甲骨文“史”“吏”“事”同字。

4 五教：指父义、母慈、兄友、弟恭、子孝五种常教。

5 惟：与，和。

6 惇：厚。

7 垂拱：垂衣拱手。《孔传》：“言武王所修皆是，所任得人，故垂拱而天下治。”

[译文]

武王设立爵位为五等，区分封地为三等。建立官长依据贤良，安置众吏依据才能。注重民众的五常之教和民食、丧葬、祭祀。重视诚信，讲明道义；崇重有德的，报答有功的。于是武王垂衣拱手而天下安治了。

以上第三段，记叙武王克殷后的政治措施。

洪　范

相传大禹治水时，洛水中浮出神龟，背负治国大法《洛书》，献给大禹。《周易·系辞上》："河出图，洛出书，圣人则之。""洛出书"指的就是这件事。据《汉书·五行志》，《洛书》的内容就是"洪范九畴"六十五字。殷商时，《洛书》传给了箕子。武王伐纣前一年，纣王杀王子比干，囚禁箕子。武王克商后，命召公释放箕子。后二年，周武王向箕子询问治国方略，箕子便根据《洛书》，详细叙述了治理国家的九种大法。史官记录箕子的话，写成《洪范》。《洪范》是研究我国古代政治史、哲学史、思想史的重要文献，受到历代高度重视。

"洪范九畴"的第一畴是"五行"。五行本指自然界金木水火土五种基本物质及其属性，是朴素唯物的。春秋时期，人们逐渐意识到物质之间存在制约关系，将其与人事结合起来。《左传 · 昭公三十一年》载晋史墨用“火胜金”“水胜火”的道理解释日食及占卜的结果，推测战争的胜负。战国时期，阴阳家邹衍提出“五德终始说”，又将五行相克理论与王朝更迭联系起来。汉代学者进一步予以发挥，用五行解释一切自然现象和社会现象。董仲舒完整地提出五行生克理论，使五行理论几乎囊括自然、政治、人事、历史等各个领域。其中尤其突出的是，他把五行与人伦联系在一起，使五行理论更好地为王朝统治服务。汉代学者对《洪范》的理解深受五行理论的影响。《汉书 · 五行志》即是以《洪范》为纲，记叙灾异，论断史事，对后世影响深远。

《洪范》系统具体地论述了治国方略，历代政治领袖和精神领袖皆把它奉为圭臬。南宋大学者朱熹认为《洪范》“是治道最紧切处”，“天下之事其大者，大概备于此矣”。明太祖朱元璋“命儒臣书《洪范》揭于御座之右，朝夕观览”。先秦诸子的诸多思想主张均导源于《洪范》，试举几例：《洪范》尚水对于老子“道”观念的形成有所启发。《老子》云：“上善若水。水善利万物而不争，处众人之所恶，故几于道。”《洪范》“皇极”立大中至正之道，《论语》强调“君子周而不比，小人比而不周”，“君子矜而不争，群而不党”，《墨子》说“不党父兄，不偏贵富，不變颜色”，都表现出对“皇极”思想的继承。“皇极”一节首次提出“王道”的概念，《孟子》中“先王之道”“王政”的观念显然源于《洪范》。《管子》明确论及“五行”“八政”，并对《洪范》“五事”“五纪”“三德”“庶征”等观念也都有继承。《洪范》提倡：“惟辟作福，惟辟作威。”《韩非子》云：“明主之所导制其臣者，二柄而已矣。二柄者，刑、德也。何谓刑德？曰：杀戮之谓刑，庆赏之谓德。”也可以追溯到《洪范》。

《洪范》还广泛影响我们的社会生活，今天我们常用的吉祥语“五福临门”，就来源于“洪范五福”。“洪范九畴”内容丰富，影响深远。

惟十有三祀[1]，王访于箕子[2]。王乃言曰：“呜呼！箕子，惟天阴骘下民[3]，相协厥居[4]，我不知其彝伦攸叙[5]。”

箕子乃言曰：“我闻在昔[6]，鲧陻洪水[7]，汩陈其五行[8]。帝乃震怒，不畀洪范九畴[9]，彝伦攸斁[10]。鲧则殛死[11]，禹乃嗣兴，天乃锡禹洪范九畴[12]，彝伦攸叙。

［注释］

1 惟：句首语气助词。祀：年。惟十有三祀，《孔疏》：“惟文王受命十有三祀。”

2 访：咨询。《尔雅 · 释诂》：“访，谋也。”

3 阴：马融云：“覆也。”骘zhì，《孔传》：“定也。”阴骘，就是庇荫安定，保护。

4 相：使。见《吕氏春秋 · 诚廉》注。协：和。厥：其。

5 彝伦：常理。攸：所以，见《经传释词》。叙：次序，引申为制定、规定。

6 在昔：往古，从前。也写作“昔在”，如《无逸》云“昔在殷王中宗”。

7 鲧gǔn：禹的父亲。陻yīn：堵塞。

8 汩gǔ：乱。据江声、孙星衍说。陈：列。五行：指水、火、木、金、土五种常用物质。《尚书大传》：“水火者，百姓之所饮食也；金木者，百姓之所兴作也；土者，万物之所资生也。是为人用。”

9 畀bì：给予。洪：大，见《尔雅 · 释诂》。范：法，见《尔雅 · 释诂》。九畴：九类，就是下文初一至次九的九种治国大法。

10 攸：由此，下文“彝伦攸叙”之“攸”同。斁dù：败坏。

11 殛：诛。指流放。《吕氏春秋 · 行论》高诱注：“《书》云‘鲧则殛死’，先殛后死也。”

12 锡：通“赐”，给予。

[译文]

周文王十三年，武王咨询箕子治国常理。武王就问道："啊！箕子，上帝庇荫安定下民，使他们和睦相处，我不知道那治国常道的制定方法。"

箕子就回答说："我听说从前，鲧堵塞洪水，胡乱安排了水、火、木、金、土五种用物。上帝震怒，不赐给鲧九种大法，治国的常道因此败坏了。后来，鲧被流放而死，禹于是继而兴起。上帝就把九种大法赐给了禹，治国的常道因此确定下来。

"初一曰五行[1]，次二曰敬用五事[2]，次三曰农用八政[3]，次四曰协用五纪[4]，次五曰建用皇极[5]，次六曰乂用三德[6]，次七曰明用稽疑[7]，次八曰念用庶征[8]，次九曰向用五福[9]，威用六极[10]。

[注释]

1 初一：这是特殊的序数标记法，《尚书》用"初"或"初一"表示"第一"。

2 次：第。敬：慎。五事：指貌、言、视、听、思五件事。

3 农：勉，见《广雅 · 释诂》。八政：八种政事。

4 协：合。五纪：五种记时的方法。

5 建：建立。皇：君王。极：中道、法则。《孔传》："极，中也。"朱熹云："极者，至极之义，标准之名也。"

6 乂：治，指治民。《孔传》："治民必用刚、柔、正直之三德。"

7 稽：通"卟"，考察。《说文·口部》："卟，卜以问疑也。读与'稽'同。"

8 念：《说文·心部》："念，常思也。"庶：众。征：征兆。

9 向：通"飨"，劝勉，《汉书·谷永传》引作"飨"。

10 威：通"畏"，畏惧，警诫。段玉裁《古文尚书撰异》："古'威''畏'同音通用。"

[译文]

"第一是五行。第二是认真做好五事。第三是努力施行八种政务。第四是合用五种记时方法。第五是建事依据皇极。第六是治理使用三德。第七是尊用以卜考疑的方法。第八是经常注意利用各种征兆。第九是用五福鼓励臣民，用六极警诫臣民。

以上第一段，概述人君治国的大法。

“一、五行：一曰水[1]，二曰火，三曰木，四曰金，五曰土。水曰润下[2]，火曰炎上，木曰曲直[3]，金曰从革[4]，土爰稼穑[5]。润下作咸[6]，炎上作苦[7]，曲直作酸[8]，从革作辛[9]，稼穑作甘[10]。

[注释]

1 曰：《经传释词》：“曰，犹‘为’也。”“一曰水”即“一是水”。

2 曰：以下四个“曰”都是语气助词，无义。

3 曲直：可曲可直。

4 从：顺从。革：变革。这里指改变形状。

5 爰：《史记》作“曰”，“爰”“曰”声近相通，都是语中语气助词。说见《尚书正读》。稼穑：播种和收获。

6 润下：指水。作：产生。《诗经 · 周颂 · 天作》传：“作，生也。”

7 炎上：指火。

8 曲直：指木。

9 从革：指金。

10 稼穑：指稼穑的作物。

[译文]

“一、五行：一是水，二是火，三是木，四是金，五是土。水向下润湿，火向上燃烧，木可以弯曲、伸直，金属可以顺从人意改变形状，土壤可以种植、收获百谷。向下润湿的水产生咸味，向上燃烧的火产生苦味，可曲可直的木产生酸味，顺从人意而改变形状的金属产生辣味，种植的百谷产生甜味。

“二、五事：一曰貌[1]，二曰言，三曰视，四曰听，五曰思。貌曰恭，言曰从[2]，视曰明，听曰聪[3]，思曰睿[4]。恭作肃[5]，从作乂[6]，明作哲[7]，聪作谋[8]，睿作圣[9]。

［注释］

1 貌：容仪。

2 从：正当合宜。《汉书 · 五行志》颜师古注：“言正曰从。”

3 聪：听得广远。《楚辞 · 涉江》王逸注：“远听曰聪。”

4 睿ruì：通达。

5 作：则，就。肃：敬。《孔疏》：“貌能恭则心肃敬。”

6 乂：治。《孔疏》：“言可从则政必治也。”

7 哲zhé：昭哲，明智。《孔疏》：“视能明则所见照哲。”

8 谋：谋划。《孔疏》：“听能聪则所谋必当也。”

9 圣：圣明。思虑通达则圣明。《孔疏》：“思通微则事无不通，乃成圣也。”

［译文］

“二、五事：一是容仪，二是言论，三是观察，四是听闻，五是思考。容仪要恭敬，言论要正当，观察要明白，听闻要广远，思考要通达。容仪恭敬就能严肃，言论正当就能治理，观察明白就能明智，听闻广远就能善谋，思考通达就能圣明。

“三、八政[1]：一曰食[2]，二曰货[3]，三曰祀[4]，四曰司空[5]，五曰司徒[6]，六曰司寇[7]，七曰宾[8]，八曰师[9]。

［注释］

1 八政：八种政务。

2 食：管理民食。

3 货：管理货财。

4 祀：管理祭祀。

5 司空：管理民众安居。《孔疏》引郑玄云：“司空，掌居民之官。”

6 司徒：管理教化。

7 司寇：治理盗贼。

8 宾：管理朝觐。

9 师：管理军事。以上“八政”之说皆本郑玄。

［译文］

“三、八种政务：一是管理民食，二是管理财货，三是管理祭祀，四是管理居民，五是管理教化，六是治理盗贼，七是管理朝觐，八是管理军事。

“四、五纪：一曰岁，二曰月，三曰日，四曰星辰[1]，五曰历数[2]。

［注释］

1 星辰：星，指二十八宿。辰，指十二辰。《孔传》：“二十八宿迭见，以叙节气。十二辰以纪日月所会。”

2 历数：日月运行经历周天的度数。计算它们的历数，可以确定闰月，调和季节。周天三百六十五又四分之一度，太阳每天行一度，月亮每天行十三又十九分之七度，一年按照十二个月计算，就有余日。《尧典》：“以闰月定四时成岁。”

［译文］

“四、五种记时方法：一是年，二是月，三是日，四是星辰的出现情况，五是日月运行所经历的周天度数。

“五、皇极：皇建其有极[1]。敛时五福[2]，用敷锡厥庶民[3]，惟时厥庶民于汝极[4]。锡汝保极[5]：凡厥庶民，无有淫朋[6]，人无有比德[7]，惟皇作极。凡厥庶民，有猷有为有守[8]，汝则念之。不协于极，不罹于咎[9]，皇则受之[10]。而康而色[11]，曰：‘予攸好德[12]。’汝则锡之福[13]，时人斯其惟皇之极[14]。无虐茕独而畏高明[15]，人之有能有为，使羞其行[16]，而邦其昌[17]。凡厥正人[18]，既富方谷[19]，汝弗能使有好于而家[20]，时人斯其辜[21]。于其无好德[22]，汝虽锡之福，其作汝用咎[23]。无偏无陂[24]，遵王之义[25]；无有作好[26]，遵王之道；无有作恶，遵王之路；无偏无党，王道荡荡[27]；无党无偏，王道平平[28]；无反无侧[29]，王道正直。会其有极[30]，归其有极[31]。曰[32]：皇，极之敷言[33]，是彝是训[34]，于帝其训[35]。凡厥庶民，极之敷言，是训是行，以近天子之光。曰：天子作民父母，以为天下王。

[注释]

1 建：立。指建立政事。

2 敛：《广雅·释诂》：“取也。”时：通“是”，这。五福：五种幸福，曾运乾氏谓即下文第九条所说之内容。《孔传》：“敛是五福之道以为教。”

3 敷：普遍。锡：施予。

4 于：《尚书易解》引《方言》："大也；犹言重视。"

5 锡：赐，贡献。保：保持。

6 淫朋：邪党。

7 人：指百官。比德：《书集传》："比德，私相比附也。"德：行。《论衡·书解篇》："实行为德。"

8 猷：《尔雅·释诂》："谋也。"《书集传》："有猷，有谋虑者。"为：作为。守：操守。

9 罹：陷入。咎：罪恶。

10 受：容纳。此处指宽容。

11 而：两个"而"均为连词，表并列关系。康：安和。《孔传》："汝当安汝颜色以谦下人。"色：温润。见《诗经·鲁颂·泮水》"载色载笑"毛亨传。

12 攸：遵行。《尚书易解》："攸，与'由'通，遵行之意。"

13 福：爵禄。

14 时：承接连词，通"是"，于是。斯：《经传释词》："犹'乃'也。"惟：思。

15 无：通"毋"，不要。茕qióng：孤。茕独，孤独，泛指鳏寡孤独的人。高明：《书集传》："高明，有位之尊显者也。"

16 羞：贡献。《尔雅·释诂》："羞，进也。"行：

善行。

17 而：第二人称代词，你的。《诗经·大雅·桑柔》："予岂不知而作。"郑玄笺："而，女也。我岂不知女所行者。"

18 正人：官员。《尚书今古文注疏》："正谓在位之正长。"

19 既：既然，因果连词，表推论。《中国文法要略》第二十二章："'既'字又可以用于推论的句子。"方谷：常禄。江声云："方，犹常也。谷，禄也。"

20 好：善。家：指家国。

21 辜：罪，责备。时人斯其辜，于是臣民们就要责怪您了。

22 于其无好hǎo德：对于那些没有好品行的人。王引之据《史记·宋微子世家》作"于其无好"指出此句本无"德"字。详见《经义述闻》。

23 作：使。参见《武成》"无作神羞"。用：施行。咎：《广雅·释诂》："恶也。"这里指恶政。

24 陂pō：不正。

25 义：法。

26 有：或。《吕氏春秋》《韩非子》引作"或"。好：马融云："私好也。"

27 荡荡：宽广。

28 平平：平坦。

29 无反无侧：马融：“反，反道也。侧，倾侧也。”

30 会：聚合。这里指团结。郑玄：“谓君也当会聚有中之人以为臣也。”

31 归：归附。归其有极，郑玄：“谓臣也当就有中之君而事之。”

32 曰：《尚书正读》：“更端之词。”

33 敷：陈述。

34 彝：《史记》作“夷”，陈列。训：教导。

35 于：句首语气助词。《尔雅》：“于，曰也。”训：顺从，下文“是训”之训，义同。

[译文]

“五、君王的法则：君王建立政事要有法则。采取这五福，用来普遍施给庶民，这样，庶民就会尊重您的法则。献给您保持法则的方法：凡是庶民没有邪恶的帮派，百官没有私相比附的行为，只把君王作为榜样。凡是臣下有计谋、有作为、有操守的，您就惦念他们。行为不合法则，但没有陷入罪恶的人，您就成就他们；假如他们和颜悦色地说：‘我遵行美德。’您就赐给他们爵禄，于是，臣民就会思念君王的法则了。不要虐待无依无靠的人，不要畏惧显要尊贵的人，臣下有才能有作为，就要让他们贡献他们的才能，您的国家就会繁荣昌盛。凡是那些百官之长，既然富有经常的俸禄，您如果不能使他们对国家有贡献，那么臣民就要责怪您了。对于那些没有好品行的人，您即使赐给他们爵禄，也将会使您受到危害。不要偏颇，不要不正，要遵守王法；不要私心偏好，要遵守王道；不要作威作恶，要遵行正路。不要行偏，不要结党，王道坦荡；不要结党，不要行偏，王道平平；不要违反，不要倾侧，王道正直。团结那些守法之臣，归附那个执法之君。君王，对于皇极的广泛陈述，要宣扬教导，上天就顺心了。所有那些庶民，对于皇极所陈之言，要遵守实行，用来接近天子的光辉。天子作臣民的父母，因此成为天下的君王。

“六、三德：一曰正直，二曰刚克[1]，三曰柔克[2]。平康正直[3]，强弗友刚克[4]，燮友柔克[5]。沉潜刚克[6]，高明柔克[7]。惟辟作福，惟辟作威，惟辟玉食[8]。臣无有作福作威玉食。臣之有作福作威玉食[9]，其害于而家，凶于而国。人用侧颇僻[10]，民用僭忒[11]。

[注释]

1 刚克：过分刚强。《尔雅·释诂》：“克，胜也。”

2 柔克：过分柔顺。

3 平康：中正平和。

4 友：亲。强弗友，刚强不可亲的人。

5 燮xiè：和。燮友，和柔而可亲的人。

6 沉潜：深沉隐伏。这里用作动词，抑制。

7 高明：显贵。这里用作动词，推崇。

8 玉食：美食。

9 之：如果。《经传释词》："之，犹'若'也。"

10 用：介词，因此。侧：倾仄。颇僻：不正。见《尚书易解》。

11 僭：越轨。忒：作恶。僭忒，越轨作恶，犯上作乱。

［译文］

"六、三种品德：一是正直，二是过于刚强，三是过于柔弱。中正和平就是正直；强不可亲就是刚克；和顺可亲就是柔克。抑制刚强不可亲近的人，推崇和顺可亲的人。只有君王才能作福，只有君王才能作威，只有君王才能享用美物。臣子不许有作福、作威、享用美食的情况。假若臣子有作福、作威、享用美食的情况，就会害及您的家，就会危及您的家国，百官将因此倾侧不正，民众也将因此犯上作乱。

"七、稽疑：择建立卜筮人[1]，乃命卜筮[2]。曰雨，曰霁，曰蒙，曰驿，曰克[3]，曰贞，曰悔[4]，凡七。卜五，占用二，衍忒[5]。立时人作卜筮[6]。三人占，则从二人之言。汝则有大疑[7]，谋及乃心[8]，谋及卿士，谋及庶人，谋及卜筮。汝则从，龟从，筮从，卿士从，庶民从，是之谓大同。身其康强，子孙其逢[9]。吉。汝则从，龟从，筮从，卿士逆，庶民逆，吉。卿士从，龟从，筮从，汝则逆，庶民逆，吉。庶民从，龟从，筮从，汝则逆，卿士逆，吉。汝则从，龟从，筮逆，卿士逆，庶民逆，作内吉[10]，作外凶[11]。龟筮共违于人，用静吉，用作凶。

［注释］

1 卜筮：卜，用龟甲占吉凶；筮，用蓍草占吉凶。

2 命：教。命卜筮，教以卜筮之法。

3 雨、霁、蒙、驿、克：雨，兆之体气如雨。霁，如雨止而云气在上。蒙，气郁郁冥冥。驿，色泽光明。克，兆相交错。本郑玄说。

4 贞：内卦。悔：外卦。孙星衍云：“《易·蛊卦》巽下艮上，巽为风，艮为山。《春秋左氏》僖十五年传云：‘蛊之贞，风也；其悔，山也。’是以知内卦曰贞，外卦曰悔。卦以下为内，上为外也。”“曰贞”与下句“曰悔”都承前省略主语“用蓍草占卜所得的卦象”。

5 衍：推演。忒：变化。《诗经·大雅·瞻卬》：“鞫人忮忒。”毛亨传：“忒，变也。”

6 时人：这种人，指卜筮官员。

7 则：假若。见《经传释词》。

8 及：与。下文三“及”字同。

9 逢：昌盛。马融云：“逢，大也。”王引之云：“子孙其逢，犹言其后必大耳。”

10 作内：作于境内。

11 作外：作于境外。

[译文]

“七、用卜决疑：选择建立掌管卜筮的官员，教导他们卜筮的方法。龟兆有的叫作雨，有的叫作霁，有的叫作蒙，有的叫作驿，有的叫作克；卦象有的叫作贞，有的叫作悔，共计有七种。龟兆用前五种，占筮用后两种，根据这些推演变化，决定吉凶。设立这种官员进行卜筮。三个人占卜，就听从两个人的说法。你若有重大的疑难，你自己要考虑，再与卿士商量，再与庶民商量，再与卜筮官员商量。你赞同，龟卜赞同，蓍筮赞同，卿士赞同，庶民赞同，这叫大同。这样，自身会康强，子孙会昌盛，很吉利。你赞同，龟卜赞同，蓍筮赞同，而卿士反对，庶民反对，也吉利。卿士赞同，龟卜赞同，蓍筮赞同，你反对，庶民反对，也吉利。庶民赞同，龟卜赞同，蓍筮赞同，你反对，卿士反对，也吉利。你赞同，龟卜赞同，蓍筮反对，卿士反对，庶民反对，在国内行事就吉利，在国外行事就不吉利。龟卜、蓍筮都与人意相违，不做事就吉利，做事就凶险。

“八、庶征：曰雨，曰旸[1]，曰燠[2]，曰寒，曰风。曰时五者来备[3]，各以其叙[4]，庶草蕃庑[5]。一极备[6]，凶[7]；一极无[8]，凶。曰休征：曰肃，时雨若[9]；曰乂，时旸若；曰晢，时燠若；曰谋，时寒若；曰圣，时风若。曰咎征：曰狂，恒雨若；曰僭[10]，恒旸若；曰豫[11]，恒燠若；曰急，恒寒若；曰蒙[12]，恒风若。曰王省惟岁[13]，卿士惟月，师尹惟日。岁月日时无易[14]，百谷用成，乂用明，俊民用章[15]，家用平康。日月岁时既易，百谷用不成，乂用昏不明，俊民用微[16]，家用不宁。庶民惟星，星有好风[17]，星有好雨[18]。日月之行，则有冬有夏[19]。月之从星，则以风雨[20]。

［注释］

1 旸yáng：《说文·日部》：“日出也。”这里指晴天。

2 燠yù：《说文·火部》：“热在中也。”这里指暖和。

3 曰：《词诠》：“语首助词，无义。”

4 叙：次序，指时序。

5 蕃：《说文·艸部》："艸（草）茂也。"庑：通"芜"。《尔雅·释诂》："芜，丰也。"

6 一：指雨、旸、燠、寒、风五者之一。极备：极多。

7 凶：荒年。

8 极无：极缺。

9 若：像。时雨若，像时雨。《尚书正读》："'曰肃，时雨若'，犹《孟子》言'若时雨降'也。下均仿此。"

10 僭：差错。参见《汤诰》"天命弗僭"。

11 豫：逸豫。

12 蒙：昏昧。

13 省xǐng：视察，这里指视察的职责。

14 易：改变。岁月日时无易，岁月日时的统属关系不变，比喻君臣各顺其常。

15 俊民：有才能的人。章：显扬。谓表彰提拔。

16 微："章"之反，谓不显扬，不被提拔重用。

17 星有好风：马融："箕星好风。"

18 星有好雨：马融："毕星好雨。"

19 日月之行，则有冬有夏：郭嵩焘《史记札记》："冬夏者，天之所以成岁功也，而日月之行循乎黄道以佐成岁功，以喻臣奉君命而布之民。"比喻群臣须成王功。

20 以：用。郭嵩焘云：“月入箕则风，入毕则雨。风雨者，天之所以发生万物也，而月从星之好以施行之，以喻倡导百姓之欲以达之君。”比喻群臣之从民欲，须润泽斯民。

[译文]

“八、各种征兆：一叫雨，一叫晴，一叫暖，一叫寒，一叫风。一年中这五种天气齐备，各根据时序发生，百草就茂盛。一种天气过多，就会导致荒年；一种天气过少，也会导致荒年。君王行为美好的征兆：一叫肃敬，就像及时降雨；一叫修治，就像及时晴朗；一叫明智，就像及时温暖；一叫善谋，就像及时寒冷；一叫圣明，就像及时刮风。君王行为坏的征兆：一叫狂妄，就像久雨；一叫错乱，就像久晴；一叫逸豫，就像久暖；一叫严急，就像久寒；一叫昏昧，就像久风。君王视察的职责，就像一年包括四时；卿士就像月，统属于岁；众尹就像日，统属于月。假若岁、月、日、时的关系没有改变，百谷就因此成熟，政治就因此清明，杰出的人才因此显扬，国家因此太平安宁。假若日、月、岁、时的关系全都改变，百谷就因此不能成熟。政治就因此昏暗不明，杰出的人才因此不能重用，国家因此不得安定。民众好比星星，有的星喜欢风，有的星喜欢雨。太阳和月亮的运行，就有冬天和夏天以成岁功。月亮顺从星星，就要用风和雨润泽它们。

“九、五福：一曰寿，二曰富，三曰康宁，四曰攸好德[1]，五曰考终命[2]。六极：一曰凶、短、折[3]，二曰疾，三曰忧，四曰贫，五曰恶[4]，六曰弱[5]。”

[注释]

1 攸：《说文·攴部》：“行水也。”引申为“行”。

2 考：老。考终命，老而善终。

3 凶、短、折：早死。未到换牙就死了叫凶，未到成年就死了叫短，未到结婚就死了叫折。见郑玄说。

4 恶：邪恶。攸好德之反，谓为奸为宄，不行好德。

5 弱：郑玄云：“愚儒不壮毅曰弱。”

[译文]

“九、五种幸福：一是长寿，二是富贵，三是健康安宁，四是遵行美德，五是高寿善终。六种不幸的事：一是早死，二是疾病，三是忧愁，四是贫穷，五是邪恶，六是懦弱。”

以上第二段，解释九种治国大法的具体内容。